1,00 €
/kU

Die großen Meister der Malerei

Sandra Orienti

Edouard Manet I

Werkverzeichnis

Ullstein KunstBuch

Ullstein KunstBuch
Ullstein Buch Nr. 36050
im Verlag Ullstein GmbH,
Frankfurt/M – Berlin – Wien

Deutsche Erstausgabe
Aus dem Italienischen übersetzt
und bearbeitet von Rudolf Kimmig

Umschlagentwurf: Hansbernd Lindemann
Umschlagfoto: Fotoarchiv Rizzoli

Die Vorlagen für die Abbildungen
stammen aus dem Fotoarchiv Rizzoli sowie von:
Giraudon, Paris (S. 11, 23, 26/27, 51, 63, 65, 67, 73, 75, 82/83); National Gallery of Art, Washington (S. 18/19, 34/35, 52/53); Metropolitan Museum of Art, New York (S. 25); Philadelphia Museum of Art Philadelphia (S. 37); Foto Blauel, Gauting (S. 70/71, 94/95)
Printed in Italy 1981
Satz: Süddeutsche Verlagsanstalt, Ludwigsburg
Druck- und Bindearbeiten:
Rizzoli Editore, Mailand
ISBN 3 548 36050 5

Juni 1981

CIP-Kurztitelaufnahme der Deutschen Bibliothek

Die großen Meister der Malerei. – Frankfurt/M; Berlin; Wien: Ullstein
Erscheint als: Ullstein-Buch; ...
→ Orienti, Sandra: Edouard Manet

Orienti, Sandra:
Edouard Manet: Werkverz. / Jean Leymarie. [Aus d. Ital. übers. u. bearb. von Rudolf Kimmig]. – Frankfurt/M; Berlin; Wien: Ullstein
NE: Manet, Edouard [Ill.]; Kimmig, Rudolf [Bearb.]; HST
1. – Dt. Erstausg. – 1981.
(Die großen Meister der Malerei) (Ullstein-Buch; Nr. 36050: Ullstein-Kunst-Buch)
ISBN 3-548-36050-5

NE: 2. GT

Einführung

Die Zeit Manets ist am Vorabend einer langen Krisenepoche vom steten Aufstieg des Bürgertums geprägt. Dennoch ist Manets eigene bürgerliche Herkunft für ihn kein Geleitbrief. Vielmehr verkennen seine Zeitgenossen seine Haltung als raffinierter »Dandy« – die offene Liebenswürdigkeit seines Charakters, die Begierde nach zeitgemäßer Kultur, die ihn zum Freund von Dichtern wie Baudelaire und Mallarmé macht – und die vorurteilslose Ironie als »gavroche«, die vereint ist mit der Beständigkeit in seiner Auswahl und der verpflichtenden moralischen Kontinuität in seinem Schaffen – er übertreibt die peinlich genaue Darstellung des einzelnen Gegenstandes, um so die Unmittelbarkeit der Empfindungen widerzuspiegeln.

Manet stellt sich dadurch an den Anfang der langen Parabel der modernen Malerei; dabei ist er nicht der Schöpfer oder Ratgeber des Impressionismus, sondern dessen individuellstes und differenziertestes malerische Talent, das bewegendste und leuchtendste. Das, was er anstrebt – »in seiner Zeit stehen und das tun, was man will« –, kostet ihn das, was er sich am meisten wünscht: die Billigung der Gesellschaft. Diese und der offizielle Zugang zu den Salons werden ihm lange verweigert. Statt dessen zeigt sich lautstark der Bruch zwischen dem bürgerlichen Geschmack und der »art vivant«.

Edouard Manet wird am 23. Januar 1832 in Paris geboren. Sein Vater, Beamter im Justizministerium, und seine Mutter, Eugène-Désirée Fournier, Tochter eines Diplomaten und Mündel von Bernadotte, hatten zwei weitere Kinder: Eugène (1833) und Gustave (1835).

Edouard skizziert – mit dem Wissen seines Onkels mütterlicherseits – als Zögling halbtags in einem Institut von Vaugirard (1839) die ersten Zeichnungen. Der Knabe wechselt

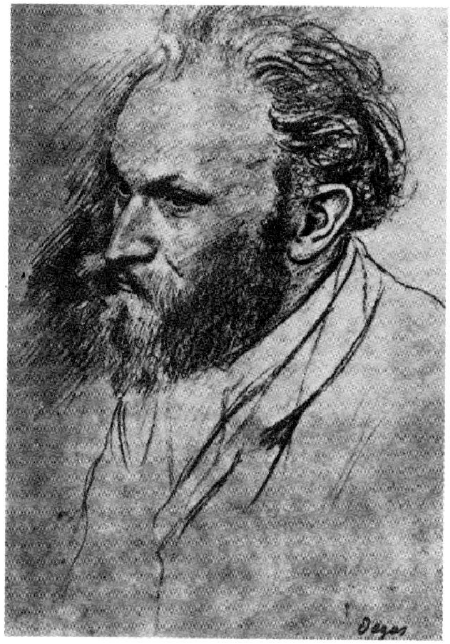

Bildnis Manets, ausgeführt von Degas, um 1866.

dann als Internatsschüler an das Lycée Rollin und lernt dort Antonin Proust kennen, den Freund seines Lebens und den ersten Zeugen und Biographen des Künstlers. Der Onkel Fournier, ein Freund der Knaben, besucht mit ihnen die Museen der Stadt und regt sie an, sich an Kopien zu versuchen. Schließlich bringt er sie dazu, sich in spezielle Malkurse im gleichen Lycée einzuschreiben.

Am Ende der Studien (1848) fällt die Entscheidung für das Leben. Der strenge Vater schlägt ihm eine juristische Laufbahn vor,

aber der Junge fühlt sich zur Marine hingezogen. Er meldet sich zur Aufnahmeprüfung an, besteht sie jedoch nicht. Um die nächste Examensperiode meistern zu können, schifft er sich auf einem Transportdampfer von Le Havre nach Guadeloupe als Kadett eines Steuermanns ein. Im April 1849 befindet er sich in Rio de Janeiro, und seine Reisetagebücher füllen sich mit Anmerkungen – vor allem mit Zeichnungen.
Nach seiner Rückkehr nach Paris scheitert er nochmals an den Prüfungen. Der Zugang zur Marine ist endgültig versperrt. Aber nunmehr kann die Entscheidung nicht mehr weiter hinausgeschoben werden. Der Vater erlaubt ihm, sich der Malerei zu widmen, fordert aber eine ordnungsgemäße Lehrzeit: Als Kompromiß schreibt Manet sich in die von Thomas Couture abgehaltenen Kurse ein – ein Maler, der mit dem komplexen historischen Bild, »Den Römern der Dekadenz«, das 1847 dem Salon vorgestellt worden war, Aufsehen erregt hatte. Im Januar 1850 beginnt Manet, Coutures Atelier zu besuchen, sechs Jahre wird er dort bleiben. Trotz seiner angeborenen Fügsamkeit gelingt es ihm nicht ganz, seine Abneigung gegen die »historische Malerei« zu unterdrücken, welche gerade das Gebiet ist, auf dem sich die strengen Schemata Coutures abzeichnen. So verbringt er eine Lehrzeit, die durch die Meinungsverschiedenheiten mit seinem Lehrer überschattet wird; aber in der Zwischenzeit festigt sich seine Haltung durch die Museumsbesuche, das Kopieren seiner Lieblingskünstler und durch die Studienreisen nach Italien (1853 und 1856), Holland, Deutschland und Österreich (1856). In den Museen – besonders im Louvre – gilt seine Vorliebe vor allem den Bildern von Tizian, Tintoretto, Rembrandt und Velazquez. Seine ersten Werke, in denen er die Geheimnisse der Meister seiner Wahl zu erforschen versucht, beweisen diese Bewunderung. Aber in der Zwischenzeit erkennt er auch seine Vorliebe für die Modernen: Delacroix, Courbet, Goya, Daumier; und die ungeschickte, verächtliche Äußerung Coutures – »Sie werden nie etwas anderes sein, als der Daumier Ihrer Zeit« – wendet sich in eine vage, dennoch lobende Vorahnung.
In diesem formativen Prozeß bildet sich mit den Erkenntnissen das Ergebnis seiner Suche heraus; das heißt, der Versuch, das Bild mittels einer Farbqualität aufzulösen, die dazu bestimmt ist, im formalen Aufbau die

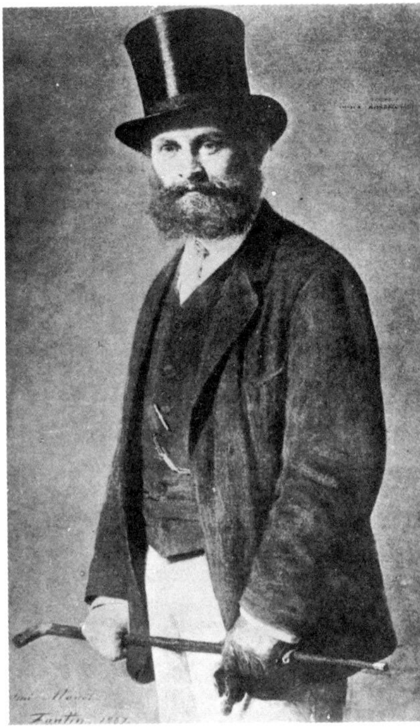

Manet mit Zylinder und Handstock, gemalt von Fantin-Latour auf der Ausstellung des Salons, 1867.

Schattierungen der Schattenflächen und die analytische Zeichnung auszuschließen. Als Manet im Frühjahr 1856 schließlich das Atelier Coutures verläßt, ist er schon darauf vorbereitet, kühnste Ansichten zu verfechten und an der Veränderung der Welt mitzuwirken.
Eines seiner ersten Werke nach dem Abschluß seiner Lehrzeit bezieht eine antithetische Position zu der vom Zeitgeschmack gebilligten. Im »Absinthtrinker« (vgl. Abb. 16), zu dem Manet durch die Lektüre einiger Verse Baudelaires inspiriert worden war, kommt, vor allem durch die kompositorische Vereinfachung des realistischen Bildes, die literarische Verweisung zum Ausdruck. Das Bild, das 1859 dem Salon vorgestellt wird, wird für Manet zur ersten öffentlichen Niederlage, an der auch die fast isolierte Unter-

stützung von Delacroix nichts hilft.
Verschiedene, dabei konvergente formale Komponenten bilden sich heraus und formen einen malerischen Charakter, der den Raum mit kritischem Schwung neu ordnend synthetisch anlegt. Eine neue, überraschende Realität wird sichtbar: im »Spanischen Reiter und Knabe mit Tablett« (vgl. Abb. 24) taucht einer seiner ersten »Jungen« auf, zu dem sich der »Knabe mit Kirschen« (1859, vgl. Abb. 19) gesellt und – von Chardin beeinflußt – wahrnehmbarer und verfeinert in »Seifenblasender Junge« (1867, vgl. Abb. 112), einige Jahre später.
Der Salon stellt für Manet eine Verpflichtung dar, der er nicht ausweichen will, obgleich ihm daraus die herbsten Enttäuschungen erwachsen. 1861 allerdings ist ihm die Jury gewogen und verleiht ihm eine »mention honorable«. Er hat das »Bildnis der Eltern« (vgl. Abb. 28) und den »Guitarrenspieler« (vgl. Abb. 31) ausgestellt.
In der Zwischenzeit zeigt sich bei Manet, im Gegensatz zu Coutures Unterricht, den er mehr oder weniger bewußt aufgenommen hatte, der Einfluß Baudelaires. Der Dichter erscheint unter der Menschenmenge des »Konzert in den Tuilerien« (vgl. Abb. 30), das 1860 gemalt und von Martinet drei Jahre später ausgestellt wurde. Die Besucher entrüsten sich über das, was in ihren Augen nur eine »bariolage« von rot, blau, gelb und schwarz zu sein scheint; viele Kritiker empören sich allerdings nicht weniger, und es fällt ihnen schwer, die Zulassung zum Salon von 1863 zu befürworten.
Es ist Baudelaire, der Manet zur Wahl der spanischen Themen verleitet, die andererseits völlig der iberischen Mode, die in Paris durch die Hochzeit Napoleons mit Eugenia de Montijo aufblüht, entspricht. Tatsächlich stellen »Das spanische Ballett« (1862, vgl. Abb. 42) und »Lola de Valence« (vgl. Abb. 43) die auffallendsten Bilder in Manets Malerei dieser Epoche dar. Das erste scheint, nicht ohne Mühe – wie es häufig vorkommt, wenn der Maler an einer Gruppenkomposition arbeitet – die Rollenaufteilung der »Kleinen Reiter« (vgl. Abb. 6) wiederaufzunehmen, eine Kopie nach einem früher Velazquez zugeschriebenem Gemälde. Die Personen des »Balletts« verteilen sich nach

»Das ›Atelier‹ in Batignolles« (Paris, Louvre), Gemälde von Fantin-Latour, 1870: neben Manet, mit der Palette, stehen (von links) Otto Schölderer, Renoir, Zola, Edmond Maître, Bazille, Monet und Zacharie Astruc (sitzend).

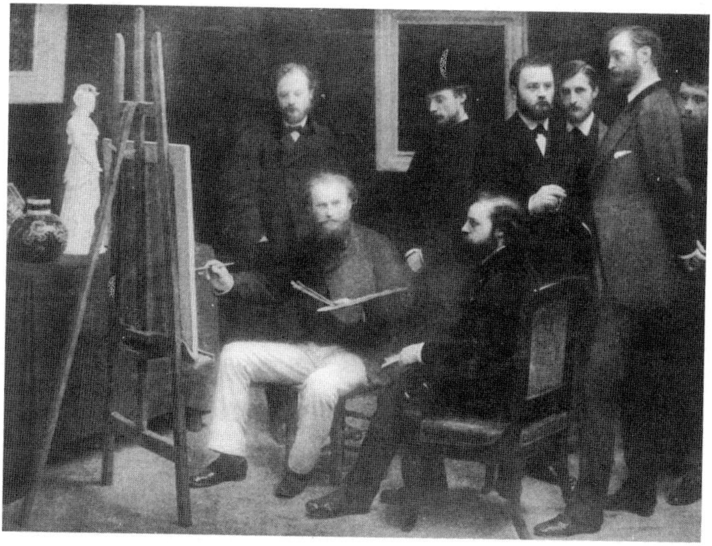

räumlichen Kadenzen, die dazu tendieren, die zwei tanzenden Paare zu isolieren. Hier ist Lola de Valence noch in die Gruppe integriert; in dem ihr gewidmeten Porträt wartet sie zwischen den Kulissen ruhig und selbstbewußt auf ihren Auftritt, während im Hintergrund das Publikum nach ihr verlangt; sie wirkt ganz andalusisch: muskulöse Beine auf feingliedrigen Füßchen, schöne Arme mit schmalen Händen, ganz gekennzeichnet von ihrer ethnischen Herkunft, ihrer Funktion und ihrer Professionalität.

Baudelaire widmet diesem Bild einen Vierzeiler: »Entre tant de beautés que partout on peut voir / je comprends bien, amis, que le désir balance / mais on voit scintiller en Lola de Valence / le charme inattendue d'un bijou rose et noir« –; die schon an Abgedroschenheit grenzende Unbekümmertheit, mit der das Gedicht eingeleitet wird, löst sich im letzten Vers, der das Verständnis des Werkes beinhaltet, auf.

Manets Malerei ist bei galanten, modischen Themen auf charmante Weise gehemmt und erreicht noch nicht den Punkt, sich auf eindringliche Art als unbestechlicher Spiegel der zeitgenössischen Gesellschaft herauszubilden; doch ihre »Aufrichtigkeit« – er sagt selbst: »Es ist nur die Wirkung der Aufrichtigkeit, wenn die Werke einen Ausdruck annehmen, der sie einem Protest ähnlich werden läßt!« – wird jeden Tag in jener Gesellschaft mehr und mehr zum individuellen und ätzenden Protest.

Die Vorfälle, die den Salon von 1863 begleiten, sind berühmt und erwecken überall noch Erstaunen über die unmögliche Überbewertung einer Konvention, die doch nicht überleben konnte. Es ist jedoch gesichert, daß Manet in jenem Jahr seine Teilnahme mit dem Skandal der »Olympia« (vgl. Abb. 56) aufs Spiel setzt.

Die Jury des Salons von 1863, die den extremen öffentlichen Standpunkt äußerst streng verteidigt, heizt die Situation so auf, daß es notwendig wird, Napoleon III. zu überreden, die nicht zugelassenen Werke in einem geeigneten Teil des Palais de l'Industrie auszustellen. Der väterliche Ausweg führt zu einer unverhofften Lösung für die Künstler, besonders für Manet, der im Salon das Instrument des direkten Bezuges zum Publikum sieht und darauf vertraut, es durch diese Gelegenheit auch im Hinblick auf eine Konfrontation zu seinen Gunsten zu beeinflussen. Die Menge im Salon von 1863 verspottet nicht so sehr den »Jugendlichen Mann im Majokostüm (vgl. Abb. 57) oder die kräftige »Victorine Meurent im spanischen Kostüm« (vgl. Abb. 45); diesmal ist es das »Frühstück im Freien« (vgl. Abb. 54), das einen gewissen Perroquet, gegen den sich Delacroix wehren mußte, zu der Bemerkung veranlaßt, Manet besäße alle Fähigkeiten, einstimmig von allen Juries der Welt abgelehnt zu werden: eine wie eine stählerne Klinge in die Augen beißende Farbe; Personen, die mit einer Entschiedenheit herausgestellt werden, die durch keinen Kompromiß gemildert werden kann; ein bitterer Geruch von grünen Früchten, die dazu bestimmt sind, nicht zu verderben. Lockroy sieht es als gewagtes Werk, das das Publikum nicht schätzen könne. Nach Monsolet ist es schon ein großer Schritt, wenigstens das Mißfallen der Bürger erlangt zu haben, während Thoré-Bürger für Manet die Namen großer Meister wählt und Goya und Courbet erwähnt, wenn er Bezug nimmt auf die Führung des Pinselstrichs, die Beschaffenheit der Farbe und des Lichtes der Landschaft, sowie die Fähigkeit, das Wirkliche auszudrücken.

Signaturen des Künstlers zu Abb. 44, 72 und 102 (von oben).

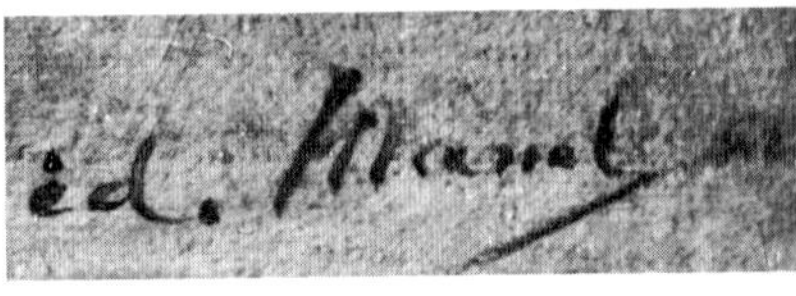

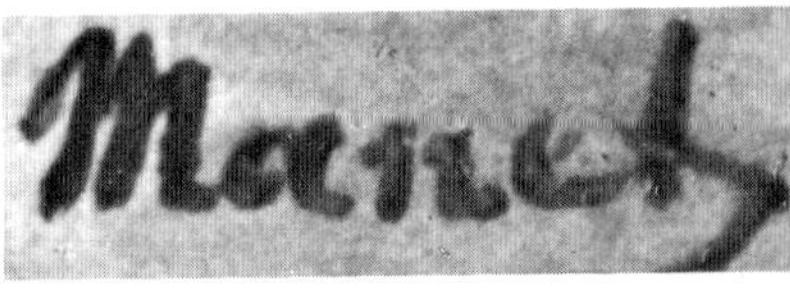

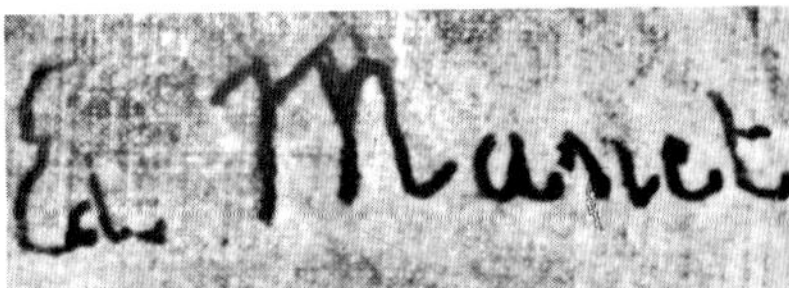

Das »Frühstück im Freien« wurde wesentlich durch die Wiederentdeckung der raffaelischen Komposition, die über einen Stich von Marcantonio Raimondi bekannt wurde, und die unmittelbare Kenntnis des »Ländlichen Konzerts« im Louvre beeinflußt, wobei Manet eigene Augenerfahrung verwendete. Das Werk rief einen Skandal hervor: Die Transponierung eines »heiligen Bildes« in die Gegenwart, in die zeitgemäße malerische Auffassung, und damit seine totale Wiedererschaffung verletzte den unausgesprochenen ·Geschmack bürgerlicher Gewohnheiten; zudem erschreckte es durch seine radikal-moderne Malweise. Die Mittelfarben, die harmonischen Abstufungen und die Hell-Dunkel-Schattierungen sind weggefallen, Gegenstände und Figuren durch kontrastierende Farbflächen betont, wobei jede Form farblich und nicht durch die Konturen und durch das freie Spiel der Kräfte ein neues Gleichgewicht erhält.
Im darauffolgenden Jahr wird ihm der Zugang zum Salon ermöglicht von seiten einer Jury, die weniger feindselig eingestellt ist als in der Vergangenheit. (»Toter Christus mit zwei Engeln«, vgl. Abb. 59 und »Stierkampf«, vgl. Abb. 60, der später vernichtet wird und keineswegs unberechtigte Kritik hervorgerufen hatte.) In der Zwischenzeit beschäftigt sich Manet mit anderen Bildern: Bildnisse (wie das seiner Mutter, vgl. Abb. 53, und jenes von Astruc, vgl. Abb. 64) und Stilleben von warmer, beherrschter farblicher Schönheit. Manet greift auch Szenen auf, die ihn beeindrucken, wie zum Beispiel des Krieges und des Meeres (»Das Gefecht zwischen der ›Kaesarge‹ und der ›Alabama‹«, vgl. Abb. 61).
1865 entsteht, nach Werken von Tizian und Velazquez, »Christus wird von den Soldaten verhöhnt« (vgl. Abb. 83a); er stellt es dem Salon im gleichen Jahr zusammen mit der »Olympia« vor, die schon 1863 gemalt worden war und beim Publikum und der Kritik auf genauso heftige Ablehnung stößt wie das »Frühstück im Freien«, obwohl sie so hoch wie möglich aufgehängt worden war, um sie dem Blick und damit den Beschimpfungen des Publikums und der Kritiker zu entziehen. Die Liebhaber der »Venus« von Cabanel sind entsetzt: Die schroffe Herbheit der »Olympia«, verbrannt im kalten Feuer der Farben, und der nachweisbare Einfluß der unantastbaren Nackten von Tizian, Goya und Ingres, die in dieser malerischen Auffassung ohne große Überlegung verwirklicht worden waren, stoßen auf völliges Unverständnis. Manet hatte sein Modell Victorine Meurent, das er in jenen Jahren bevorzugte, nur zu wenigen Sitzungen verpflichtet, um eine klar vereinfachte Form zu erhalten.
Manet entschließt sich nach einem Aufenthalt in Boulogne-sur-mer zu einer Reise nach Spanien. Der nur zweiwöchige Aufenthalt wird zu einer großen Erfahrung. Die Route war ihm von Astruc ausgearbeitet worden. Zufällig trifft er in Madrid einen anderen Kritiker, Theodore Duret, mit dem ihn eine lange Freundschaft verbindet.
Aber das Spanien, das er schon in den Bildern der Museen und der Pariser Sammlungen kennengelernt hatte, oder jenes, das damals in Mode steht, ist etwas anderes als das wirkliche Spanien: unmittelbar erlebt, sieht er es neu und macht ganz persönliche Erfahrungen. Er findet die Liebe zu Velazquez wieder, jetzt ganz tief, und entdeckt und bewundert El Greco und Goya. Mit dieser Reise und den drei Bildern des Stierkampfes, die er nach seiner Rückkehr malt, schließt der Künstler den Kreis der sogenannten »spanischen Periode«. In Wirklichkeit aber steht 1865 und mindestens bis 1870 der Hispanismus Manets in einem festen Bezug zur spanischen Kunst. Unter diesem Einfluß nimmt die Bedeutung des Themas ab zu Gunsten einer geschickt gelenkten syntaktischen Gliederung und einer mutigen Vernachlässigung der Farben. Die Stierkämpfe, die er erlebt hatte, und die er bei seiner Rückkehr in Gemälden festhält, fesseln ihn in ihrer Lebendigkeit so, daß er die Lust verspürt, sich von neuem auf die Unmittelbarkeit der Welt zu konzentrieren: es ist geradezu eine Frage der Aufrichtigkeit.
Die »Olympia« hatte schon zur äußersten Reduktion des Bildes geführt. Der »Pfeifer« (1866, vgl. Abb. 100) erreicht in seiner Vereinfachung eine Konkretisierung an der Grenze der Provokation. Die scharfen Konturen sind, wie bei Velazquez, äußerst betont und heben sich stark vom eisigen Hintergrund ab.
Im folgenden Jahr (1867), als er von der Kunstabteilung der Weltausstellung ausgeschlossen wird und nicht am Salon teilnimmt, richtet er eine eigene Ausstellung in einer für diese Gelegenheit in der Avenue d'Alma aufgestellten Baracke ein. Er malt die »Pariser Weltausstellung, 1867« (vgl. Abb. 110), auf der weniger die Personen die Protagoni-

sten sind als vielmehr jene Elemente des Zeitgeschehens, die den Fortschritt, das neue Leben symbolisieren und davon Zeugnis ablegen.
Aber auch »Die Erschießung Kaiser Maximilians« (vgl. Abb. 111) ist erlebtes Leben, wobei das dramatische Ereignis Chronik wird, die durch die physische Abwesenheit gemildert und durch Manets Abstand zum Thema abgeschwächt ist. Diese Begebenheit wird auch in ihren antiheroischen Ereignissen gedeutet und nimmt die Goyasche Gruppe der neugierigen, zuschauenden Leute wieder auf, während im Hintergrund das Licht, gegen das Blau der Uniformen gesetzt, über den Abhang flutet und das Dach des Kolonialgebäudes blendet.
Ungefähr zu jener Zeit besucht Zola das Atelier Manets und beschwört mit fast unermüdlicher Beredsamkeit, daß »Manets Platz im Louvre gesichert ist, wie der Courbets, wie der jedes Künstlers mit einer originalen und starken Anlage«. Doch zu Beginn dieser neuen Freundschaft stirbt ein alter, unerschütterlicher Freund: in den ersten Septembertagen 1867 kehrt Manet eilends nach Paris zurück, um am Begräbnis Baudelaires teilzunehmen.
Der Freundschaft mit Zola, der eine kritische Stütze ist und schmeichelhafte Urteile abgibt und der doch Mißverständnisse nicht vermeiden kann, wie die Veröffentlichung des Romans »L'Œuvre« (1886) zeigt (in dem Zola die verborgenen, dabei grundlegenden Zwiespälte der Künstler im tragischen Leben Claude Lantiers aufzeigt, des Malers, in dem nach und nach Manet, Monet und Cézanne zu erkennen sind), widmet Manet ein Bild (»Emile Zola«, 1867–68, vgl. Abb. 113), das nicht nur durch seine Komposition besticht, sondern auch als Auszug lesbarer Dokumente berühmt ist: Die Fotografie »Olympias«, das Lieblingswerk, für das Zola lebhaftes Interesse gezeigt hatte, die »Trinker« von Velazquez, gleichsam erneuertes Bekenntnis zu seinem ersten Meister, ein Druck von Utamaro und ein japanischer Paravent, um auch in dieser Richtung den wiederauftauchenden Ausschnitt aus dem »Kartenspiel« zu rechtfertigen.
Mit der Ausarbeitung des »Balkons« (1868, vgl. Abb. 116a) festigt sich bei Manet die freundschaftliche Beziehung zu der Malerin Berthe Morisot, die er schon im Louvre zur Zeit seiner häufigen Museumsbesuche getroffen hatte. Berthe ist für den Künstler eine echte, sensible Beraterin, die auf ihn großen Einfluß ausübt. Außerdem ist sie ein bezauberndes Modell und wird nach ihrer Heirat mit seinem Bruder Eugène seine Schwägerin. Ihre ausdrucksvolle Miene bestimmt die Komposition, als ob der Platz auf dem Balkon mit seinem spanischen Gepräge ganz und gar für sie gedacht sei, während die anderen Personen als Eindringlinge erscheinen, malerisch isoliert und nicht mit kompositorischen Fesseln an die Gruppe gebunden sind.
Gegenüber den glänzenden Bildern von der Morisot, die eifersüchtig auf die schwungvollen Porträts seines neuen Modells und gleichzeitigen Schülerin Eva Gonzales ist – sie hatte es auf Anhieb verstanden, ihrer Persönlichkeit Ausdruck zu verleihen –, strahlen die Bildnisse von Manets Ehefrau (»Madame Manet am Klavier«, vgl. Abb. 112, »Die Lektüre«, vgl. Abb. 118) das häusliche Alltagsleben aus.In dieser diskreten Privatwelt wird das offene Geheimnis von Edouards Jugendliebe zu Suzanne Leenhoff, der Klavierlehrerin im Hause Manet, lange Zeit verschwiegen, genau wie die Geburt von Léon Koëlla (1852), den man als jüngeren Bruder von Suzanne und nicht als Sohn des Künstlers ausgab, selbst 1863 noch, als durch die Heirat von Edouard und Suzanne die Erfordernisse der Konvention erfüllt worden waren.
Léon ist sehr gefühlvoll und dient ihm von seiner Kindheit an als gelehriges und überzeugendes Modell. Er ist die Zentralfigur des »Frühstück im Atelier« (1868, vgl. Abb. 115), das, mit neutralen Farben gemalt, fast eine Erinnerung an Chardin darstellt. Die Personen, die sich gegen den braunen Hintergrund von erstickender Intensität abheben, sind alle isolierte Einzelgänger, während auf dem Tischtuch die ruhigen, zurückgeworfenen Lichtstrahlen auf den Gegenständen nur gedämpft erscheinen.
Während eines kurzen Ausflugs nach London ist Manet mit der Aufnahme bei Freunden und Sammlern zufrieden; in Boulogne begeistert er sich für die Bewegung und die Farben des Meeres und möchte nur malen, malen und Bilder entwerfen, die er in seinem Pariser Atelier ausarbeitet, während sich die Eindrücke wiederbeleben, die durch das Treffen mit Freunden in den Cafés und die ruhelosen Diskussionen noch bestärkt werden.
Einige Zeit ist Manet Stammgast der Cafés

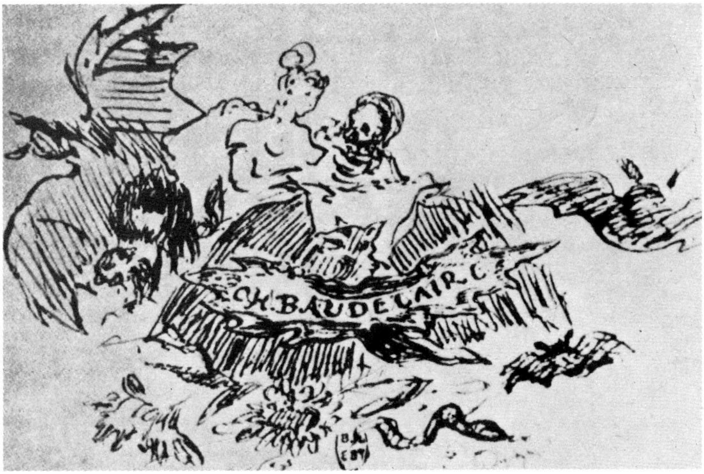

Tuschezeichnungen von Manet (Paris, Bibliothèque Nationale), 1869, zur Illustration einiger Motive aus den »Fleurs du Mal« von Baudelaire.

von Bada und Tortoni gewesen; aber schon nach der Rückkehr aus Spanien besucht er immer häufiger das Café Guerbois in der Avenue Clichy, wo jeden Donnerstag mindestens zwei Tische für die Freunde Edouards reserviert sind: Proust, der Jugendfreund, gehört dazu, Fantin-Latour, den er zum ersten Mal im Louvre getroffen hatte, Bazille und der Fotograf Nadar, Astruc und Duranty; später schließen sich auch Renoir und Silvestre, Castagnary und Zola an; Degas, Monet und Cézanne lassen sich nur selten sehen. Man nennt sie die »Bande à Manet«; dies drückt aus, wie sehr der Maler seine Freunde fasziniert, durch seine menschlichen Eigenschaften – über die künstlerischen hinaus –, durch seine brillante Konversation, durch die heitere Offenheit seines Charakters und seine erlesene Bildung: letzten Endes durch die Faszination seiner ganzen Person.
Castagnary behauptet zu Recht, daß der Begriff »réalisme« – auf die Malerei Manets, Monets und die ihrer Freunde bezogen – unhaltbar sei. Andererseits zögert der Kritiker nicht, dann Vorbehalte zu äußern, wenn Manet nicht nach der Natur malt, sondern seiner Phantasie freien Lauf läßt.
Die Zeiten werden immer dramatischer. Nach der verheerenden Niederlage Napoleons III. 1871 im französisch-preußischen Krieg entspricht die Proklamation der Dritten Republik den nicht eingestandenen republikanischen Gefühlen Manets. Die Umstände raten ihm jedoch, die Familie im Süden in Schutz zu bringen, während er von der Artillerie angeworben wird und die harten Monate der Belagerung von Paris erträgt, bis ihn die Übergabe der Hauptstadt im Februar 71 überzeugt, sich zu den Seinen zu begeben. Er bleibt mit seiner Familie zwischen Oloron, Bordeaux und Arcachon, während Paris durch die Exzesse der Kommune umgewälzt wird. Als er für wenige Tage in die Stadt zurückkehrt, fertigt er bei den letzten Gefechten Zeichnungen und zwei Lithographien von den Episoden der zwischen den Straßen und den Barrikaden Kämpfenden; schließlich fährt er wieder zu den Seinen nach Boulogne-sur-mer zurück.
Dort beschäftigt er sich, in distanzierter Einsamkeit lebend, intensiv mit dem Meer, dessen Weite und der Höhe des Horizonts; er malt nicht einfach nur »en plein air«, sondern versucht, in der mit dem Licht verschmolzenen Farbe die Wirkung der Oberfläche mit der Unbeständigkeit der Atmosphäre in Einklang zu bringen (wie zum Beispiel in der »Ansicht von Arcachon«) und das Erlebte in eigenständige Bilder umzusetzen. Er setzt sich intensiv mit Bewegungsabläufen, die räumliche und zeitliche Distanzen überwin-

den, auseinander, wie früher schon im »Pferderennen in Longchamp« (vgl. Abb. 81) oder im »Pferderennen im Bois de Boulogne« (vgl. Abb. 159) und nimmt die Stimmung englischer Drucke auf oder läßt sich von Géricaults »Derby in Epsom« inspirieren.
1872 reist Manet mit Suzanne nach Holland. Bei diesem zweiten Besuch beeindruckt ihn nicht nur die weitläufige Landschaft, die sich unmittelbar in eigenen Bildern niederschlägt, sondern auch die holländische Malerei des 16., 17. und 18. Jahrhunderts, vor allem die Bilder und Technik von Frans Hals. Das »Bildnis von Bellot« (»Le bon bock« von 1873, vgl. Abb. 161) ist das konkrete und äußerst mühevolle Ergebnis dieser Auseinandersetzung. Ein Bravourstück von einer fast verachtenden Virtuosität, das, wenn es auch die Freunde unbefriedigt läßt, die die draufgängerische, neue Malweise besser verstehen, einen großen Erfolg im Salon verzeichnet. Manet befindet sich zum ersten Mal in Übereinstimmung mit dem öffentlichen Geschmack, obwohl er keine Konzessionen gemacht hatte. Dies gibt ihm auch das Vertrauen in sich wieder, das nicht leicht aufrechtzuerhalten ist in einer Zeit, in der die Wirtschaftskrise den Lebensunterhalt aller Künstler, vor allem den seiner Freunde, in Frage stellt. So hatte Durand-Ruel 1871 im Atelier Manets eine reiche Auswahl an Werken getroffen, die er erwerben wollte; als umsichtiger Kaufmann muß er nun angesichts der wirtschaftlichen Schwierigkeiten darauf verzichten, seinen Vorlieben weiter zu folgen.
Die jüngeren Freunde Manets – die Gruppe von Batignolles – beginnt, andere Möglichkeiten zu erwägen, da der Kunstmarkt zerstört ist und der Zugang zum Salon, der sowieso in jeder Weise beschränkt ist, immer unwahrscheinlicher wird.
Die Erfahrungen und Ängste seiner Freunde erlebt Manet jedoch auf andere Weise. In Berck-sur-mer versucht er noch einmal, im äußersten Vertrauen auf die Natur, seine inneren Bilder mit leuchtenden Landschaften zu verschmelzen (»Die Schwalben«, 1873, vgl. Abb. 165) genau wie im »Kricketspiel in Paris« (vgl. Abb. 178) – der Freundeskreis spielt oft im Garten von Stevens miteinander –, das durch seine leuchtenden Farben und die verkürzenden, diagonalen Umrisse den impressionistischen Grundauffassungen sehr nahe steht.
Umfassender, bewegter und lebhafter noch in den kontrapunktierenden Farben ist die Menge, die sich am Eingang zum »Maskenball an der Oper« (vgl. Abb. 186) drängt – Dominos und Zylinder glänzen im blendenden Schein des Lichts: eine nächtliche und daher aufregendere Fassung der Tagesfrische des »Konzerts in den Tuilerien«.
Der Herbst in Paris bringt auch die angenehmen gesellschaftlichen Treffen mit sich, über die Suzanne wacht, die als ausgezeichnete Pianistin ihren Musiksalon eröffnet.
Die Morisot steht wieder, intelligent und sensibel, Modell (»Berthe Morisot mit Veilchenstrauß«, 1872, vgl. Abb. 154; »Berthe Morisot mit Trauerhut«, 1873, vgl. Abb. 188); ihr Gesicht verleitet Manet zu Bildern von beruhigender Helligkeit.
Auch Victorine Meurent taucht wieder auf, das lebende Phantom »Olympias«, die aus Amerika mit diffusen, romantischen Erlebnissen zurückgekehrt ist. Ist sie die »Junge Frau mit Kind in der Nähe der Eisenbahn« (vgl. Abb. 177)? Manet, von neuem angezogen vom technischen Fortschritt, betrachtet die stählernen Schienen mit dem gleichen Staunen des kleinen Mädchens, das von den lichtblauen Schneeflocken schrankenlos ergriffen ist. Er versucht nochmals das farbige Einfügen der Personen, die manchmal wie aus einem Stück Blech herausgeschnitten zu sein scheinen, während die Europabrücke, die Signale, die Schienen den Ort und damit das Wunder einer »neuen Landschaft« präzisieren, als nachvollziehbare Spur einer zeitgenössischen Welt, die, je mehr sie sich mit Versprechungen und Zukunft belädt, um so schwungvoller erlebt wird.
Das, was Burty in jenen Jahren feststellt, ist wahr: Manet kann verschmäht werden, aber man kann seinen Einfluß auf die wahren Künstler seiner Gruppe nicht leugnen. Nur drei Jahre später bestätigen mindestens drei seiner Bilder zum Eisenbahnthema die Bewertung der Kritiker.
Die Generation, die um die Zeit des »Frühstück im Freien« geboren ist, steht ihrem ersten, emanzipatorischen Schritt nahe; und die Ausstellung von Nadar wäre die Entschädigung für einen aufregenden Kampf gewesen – so hofft sie in ihrem visionären Glück und der Freude an der Malerei, aber auch in unsäglichen Schwierigkeiten.

Werkverzeichnis

Knabe mit Kirschen (Ausschnitt, vgl. Abb. 19)
Nach der Erinnerung von Berthe Morisot nannte das Modell, das Manet auch als Bursche diente, sich Alexander und stammte aus ärmlichen Verhältnissen.

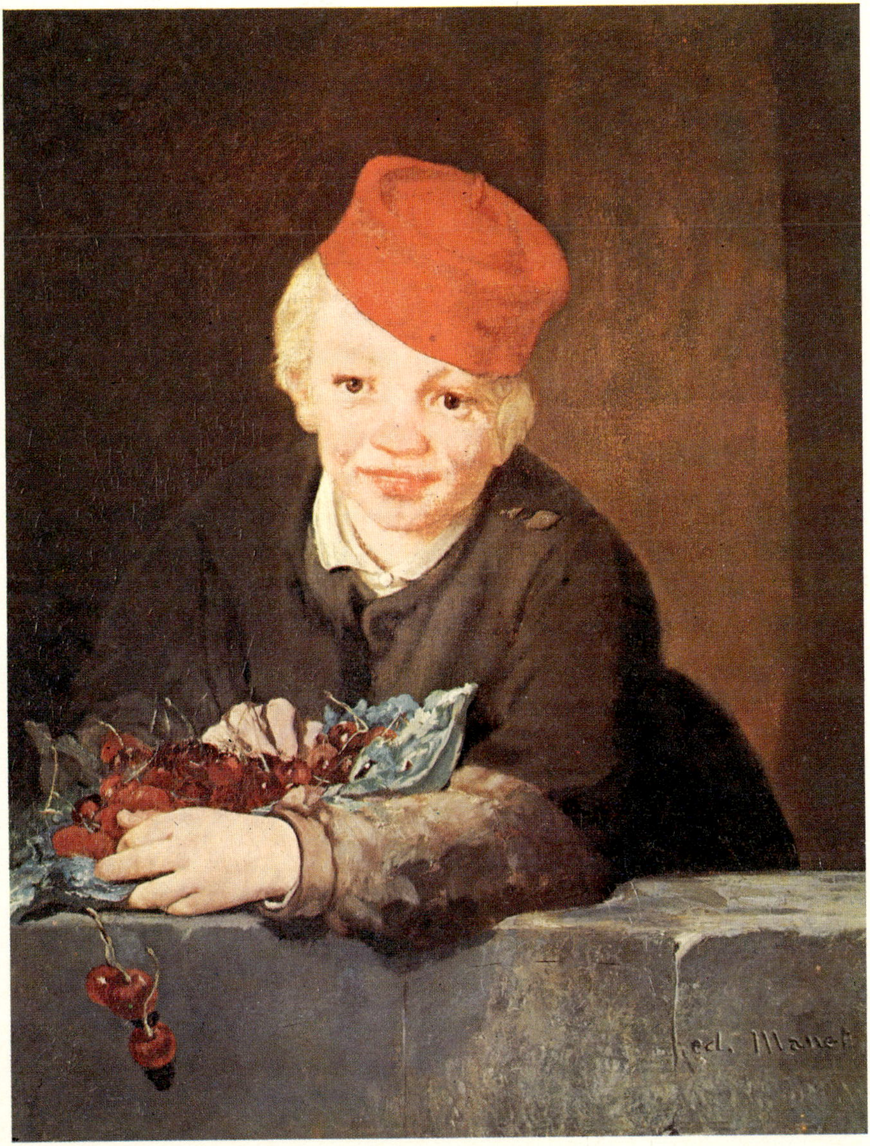

1853–1854

Im vorliegenden Katalog werden die Versionen eines Themas unter derselben Nummer zusammengestellt und durch einen Kleinbuchstaben gekennzeichnet. Steht statt dessen ein Großbuchstabe, gehören die Bilder zu einer Serie.

1. Kopf eines Jungen. Um 1853. Öl auf Papier. 41 × 32 cm. Schweiz, Privatsammlung. Kopie nach Filippino Lippi
2 a. Dante und Vergil im Inferno. Um 1854. Öl auf Leinwand. 33 × 41 cm. New York, Metropolitan Museum (Sammlung Havemeyer). Kopie nach Delacroix
2 b. Dante und Vergil im Inferno. Um 1854. Öl auf Leinwand. 36 × 43 cm. Lyon, Musée des Beaux-Arts. Kopie nach Delacroix
3. Madonna mit Kaninchen. Signiert, 1854. Öl auf Leinwand. 70 × 84 cm. New York, Sammlung Beltram Smith. Kopie nach Tizian

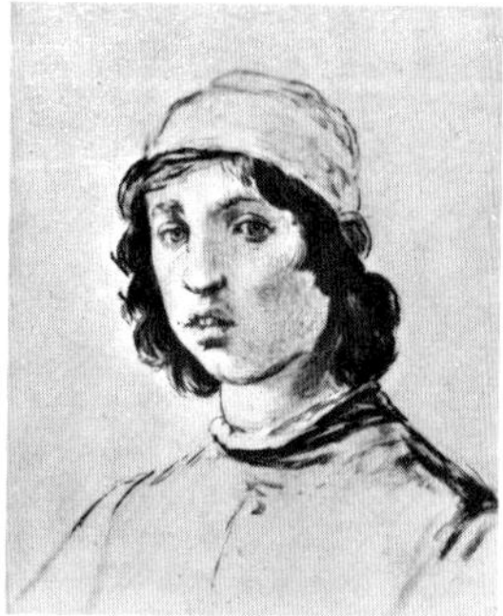
1

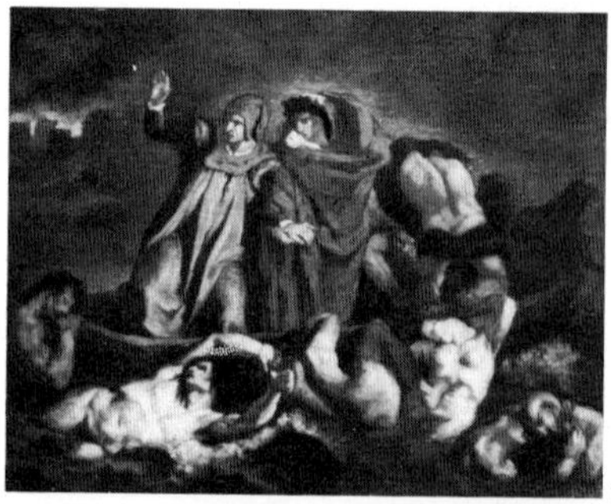
2a

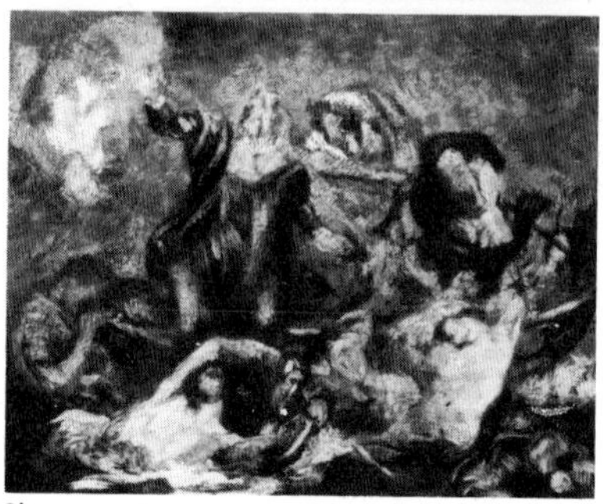
2b

Absinthtrinker (Ausschnitt, vgl. Abb. 16)
Von Gedichten von Baudelaire inspiriert, wählte der Maler den Alkoholiker Collardet als Modell und stellte ihn quasi polemisch in Gegensatz zur historischen Malerei. Couture, dem Manet das Gemälde zeigte, meinte verächtlich, es gäbe nur einen Trinker, und das sei der Maler.

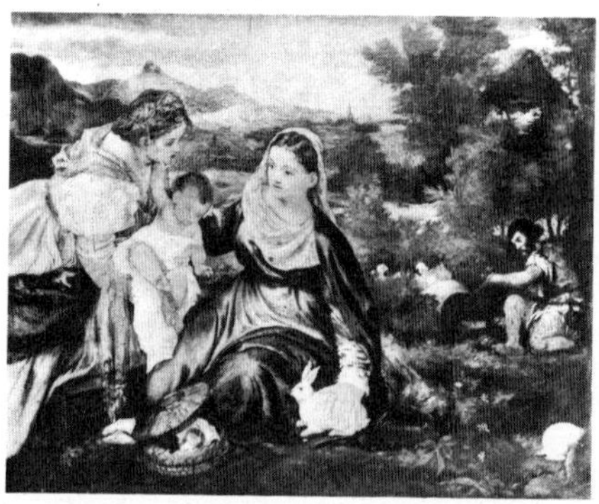
3

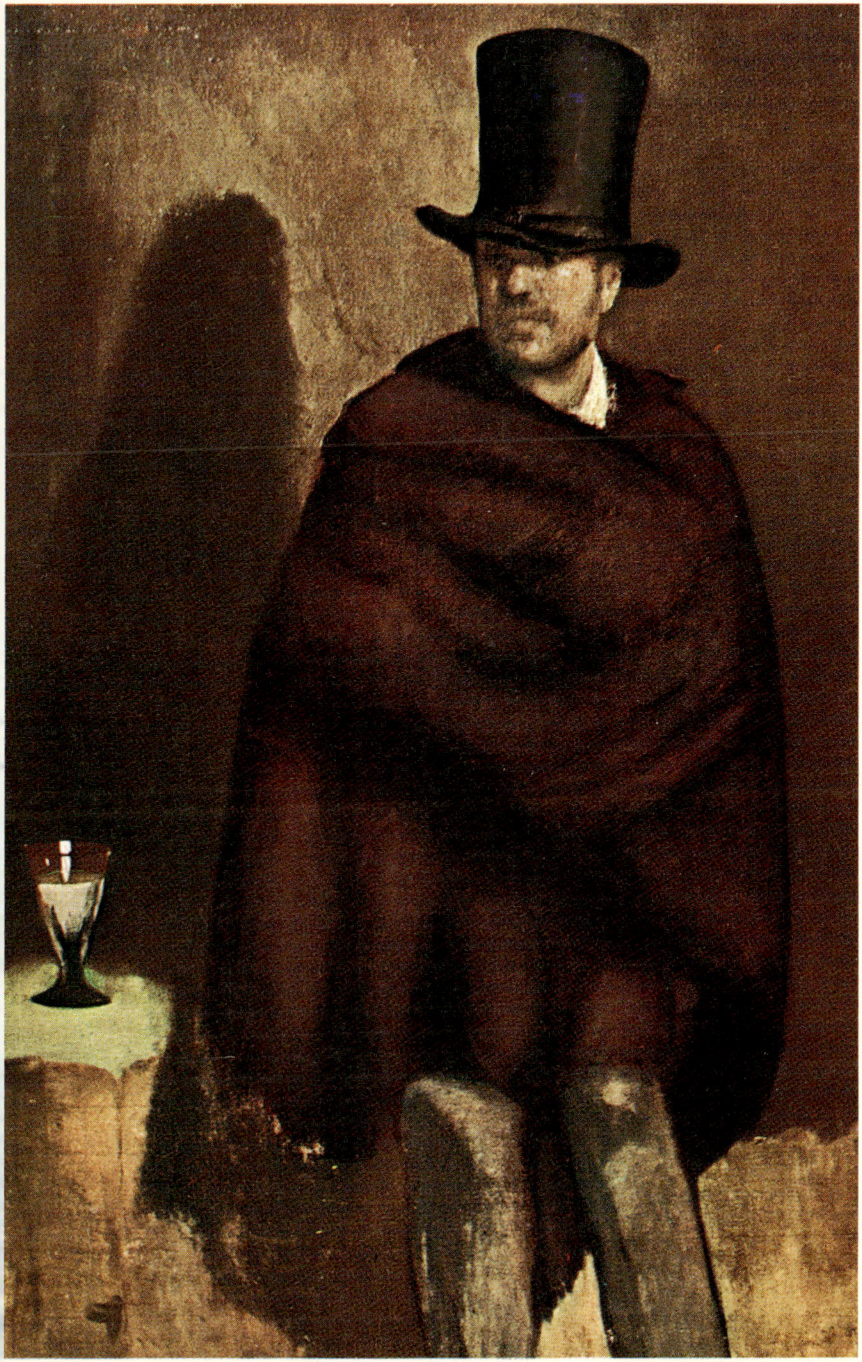

1854–1858

4. Die Venus des Pardo. Um 1854. Öl auf Leinwand. 47×85 cm. Ehemals Paris, Sammlung Rouart. Kopie nach Tizian

5. Tintoretto. Signiert und datiert 1854. Öl auf Leinwand. 61×50 cm. Dijon, Musée des Beaux-Arts

6. Die kleinen Reiter. Signiert 1855. Öl auf Leinwand. 47×77 cm. New York, Privatsammlung. Kopie nach einem ehemals Velasquez zugeschriebenen Gemälde. Signatur: »Manet d'après Velasquez«

7. Bildnis eines Mannes. Signiert 1855/56. Öl auf Leinwand. 55×47 cm. Prag, Nationalgalerie

8. Kopf einer alten Frau. Signiert, 1856. Öl auf Leinwand. 50×40 cm. Schweiz, Privatsammlung

9. Anatomie des Doktor Tulp. 1856. Öl auf Leinwand. 25×39 cm. Paris, Privatsammlung. Kopie nach Rembrandt

10. Die Venus von Urbino. 1856. Öl auf Leinwand. 24×37 cm. Ehemals Paris, Sammlung Rouart. Kopie nach Tizian

11. Christus mit dem Stab (Christuskopf). Signiert und datiert 1856. Öl auf Papier. 45×36 cm. Stuttgart, Sammlung Hugo Fleischhauner

12a. Christus mit der Hacke (Christus der Gärtner). Um 1856. Öl auf Leinwand. 63×50 (68×58?) cm. Stuttgart, Slg. Richard Werner

12b. Christus mit der Hacke (Christus der Gärtner). Um 1856. Öl auf Leinwand. 39×32 cm. Verbleib unbekannt

13. Oberdeck eines Schiffes. Signiert, um 1858. Öl auf Leinwand. 54×43 cm. Melbourne, National Art Gallery of Victoria. Signatur zweifelhaft

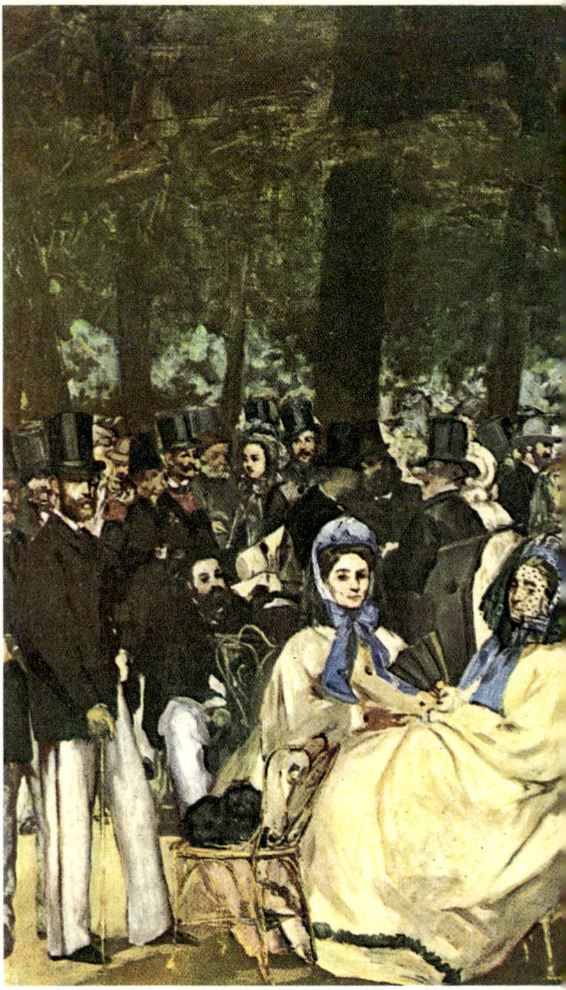

Musikkapelle in den Tuilerien (vgl. Abb. 30)
Die Datierung des Gemäldes ist noch umstritten. Wildenstein und Tabarant setzen 1860 an; durch die in anderer Farbe gehaltene Signatur und die 1863 während der Ausstellung in der Galerie Martinet hinzugefügte Datierung »1862« halten Coffin Hanson, Rewald und Richardson das Jahr 1862 für wahrscheinlicher. Nicht alle dargestellten Personen sind identifizierbar. Die erste Großfigur links ist der Künstler selbst; neben ihm sitzen Balleroy und Astruc; dahinter befinden sich Eugène Manet und Offenbach. Hinter den

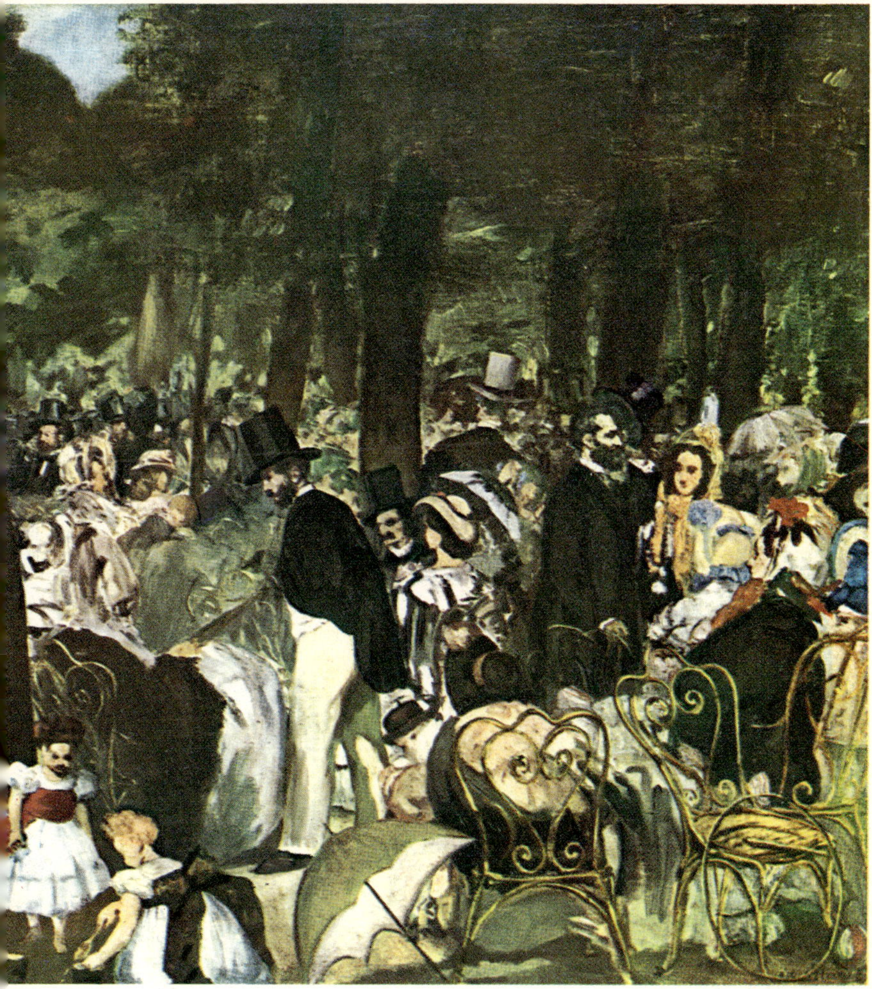

zwei sitzenden Frauen (Madame Loubens und Madame Lejesne mit dem Schleier) stehen drei Herren, darunter Baudelaire im Profil. Wir erkennen außerdem Th. Gautier und Lord Taylor, Champfleury, Lejesne, Fantin-Latour, Aurelien Scholl und den Maler Monginot. Das Werk erregte durch seine moderne Thematik und seine Maltechnik Aufsehen. Zola schreibt 1867, daß einer der Besucher der Ausstellung mit Tätlichkeiten drohte, falls das Bild nicht abgehängt würde.

Um 1858

14. Frau mit Hunden. Signiert, um 1858. Öl auf Leinwand. 92×65 cm. San Antonio (Texas), Privatsammlung. Signatur zweifelhaft

15. Raucher (Trinker). Um 1858. Öl auf Leinwand. 41×32 cm. Rom, Privatsammlung. Die Inschrift »Le Buveur d'Absinthe. E. Manet« ist zweifelhaft

Zu Seite 18/19:
Alter Musikant (vgl. Abb. 40) Die Komposition der Gruppe war für Manet schwierig, wie bei vielen komplexen Figurenbildern. Das Motiv kann aus Velasquez' Bild »Bacchus mit Gefolge« (Los borrachos) hergeleitet werden, das Manet zu dieser Zeit durch eine Radierung von Goya kennenlernte. Rechts nimmt der Maler in dem stehenden Mann das Thema des »Absinthtrinkers« (vgl. Abb. 16) wieder auf.

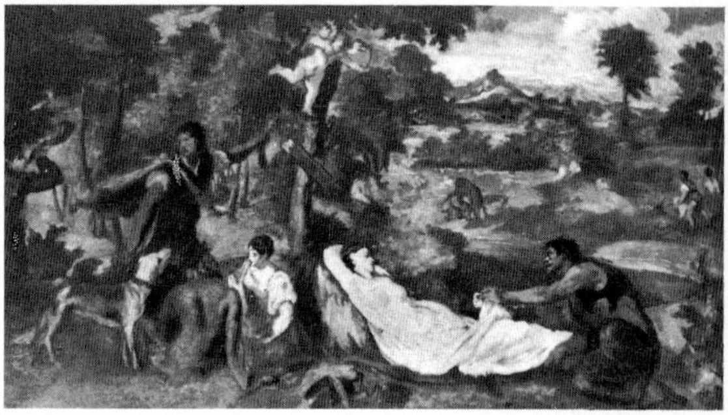

4

7

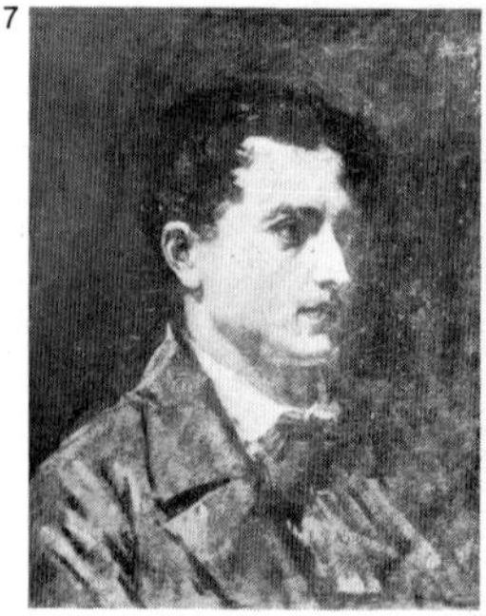

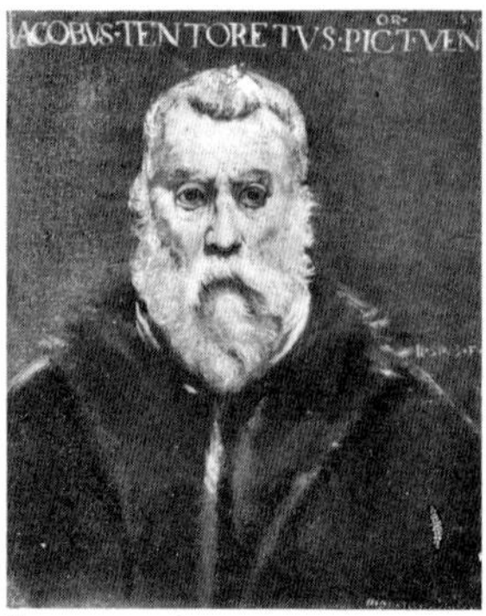

5

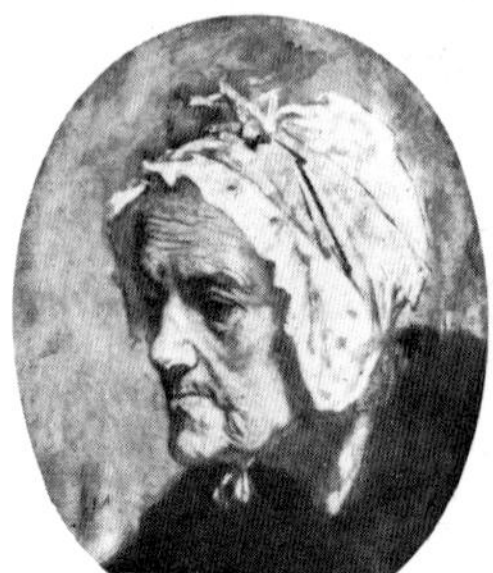

8

6

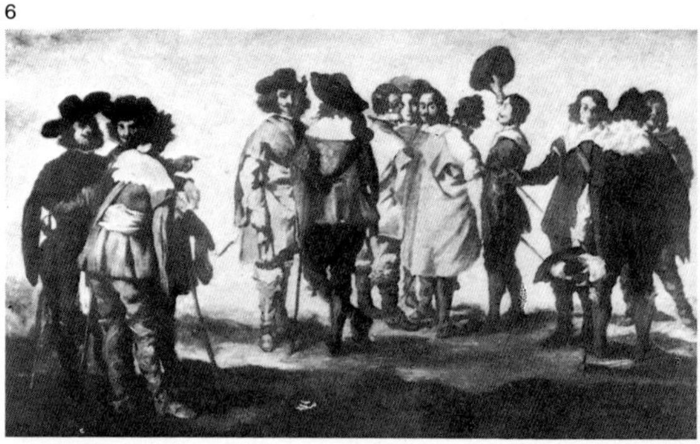

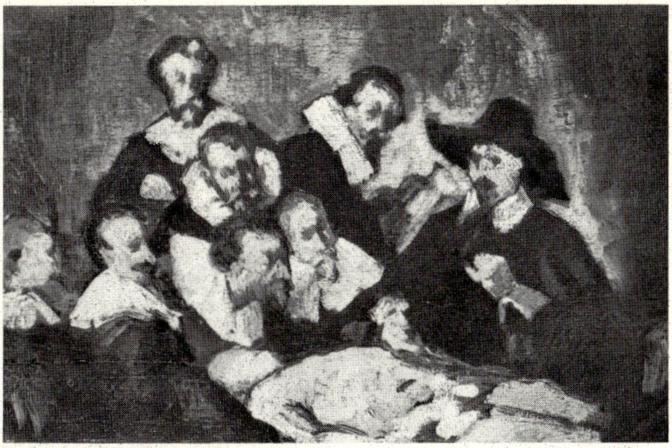

9

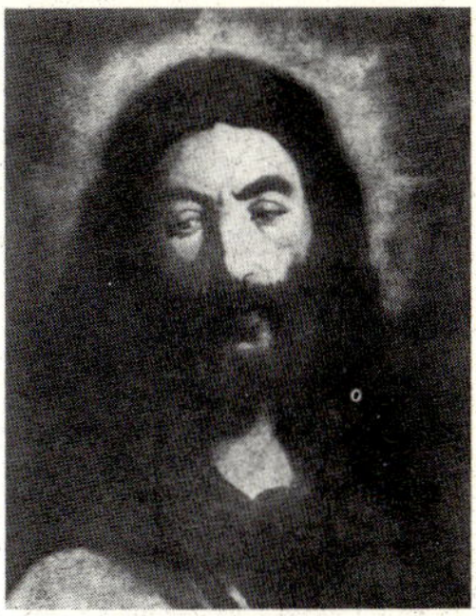

11

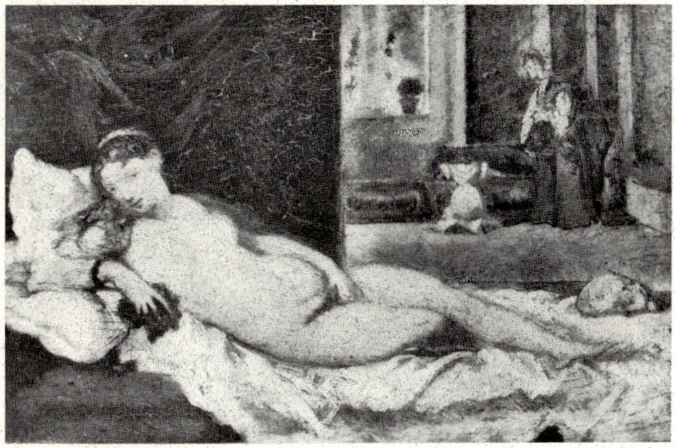

10

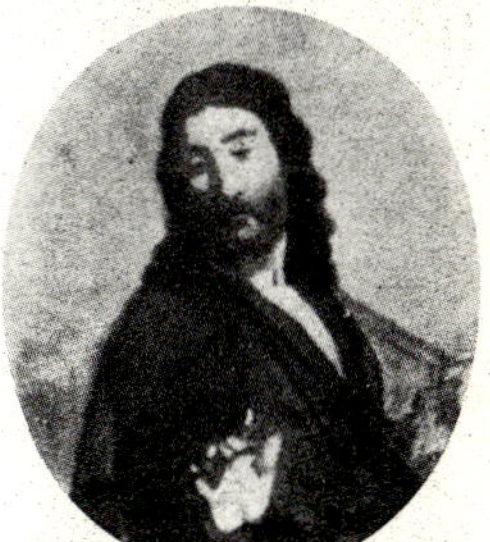

12a

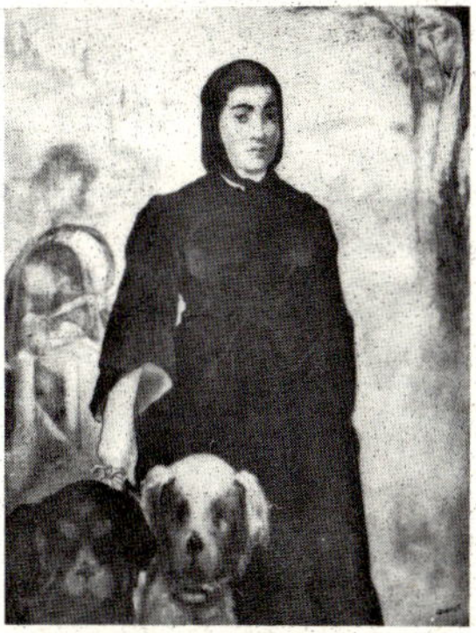

14

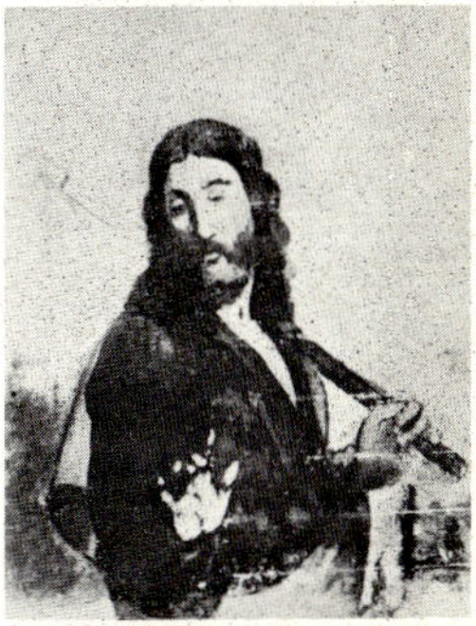

12b

13

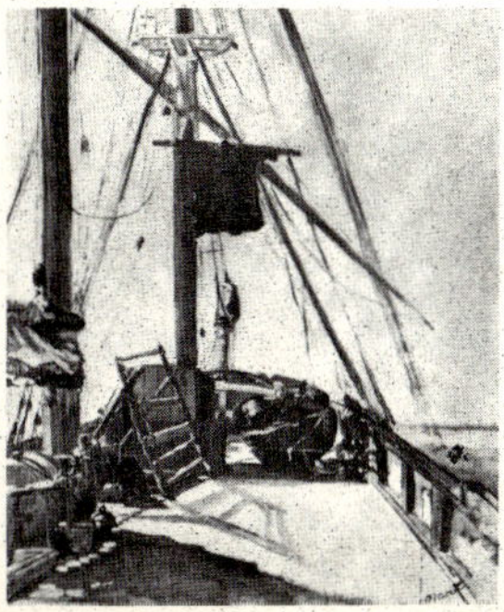

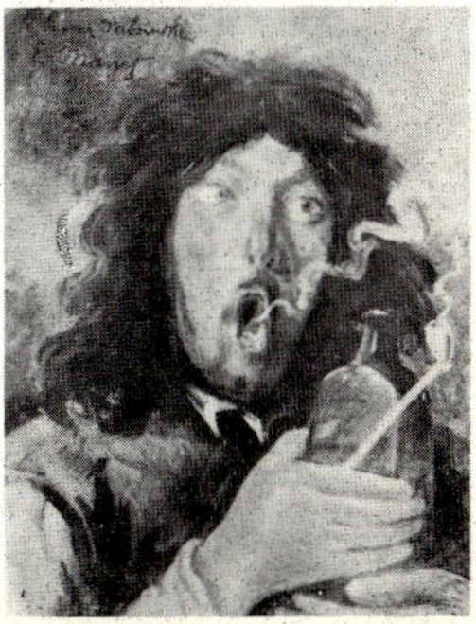

15

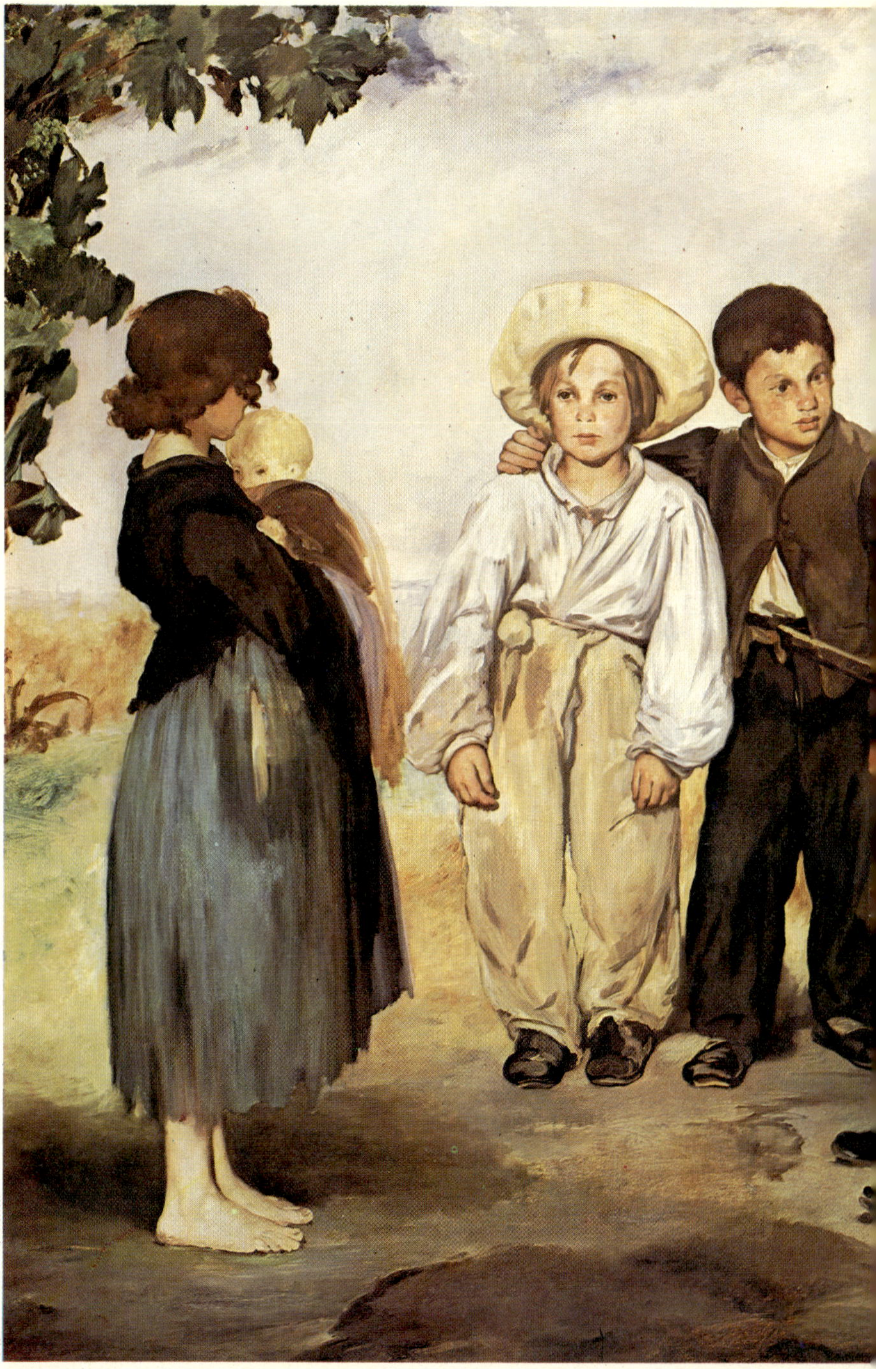

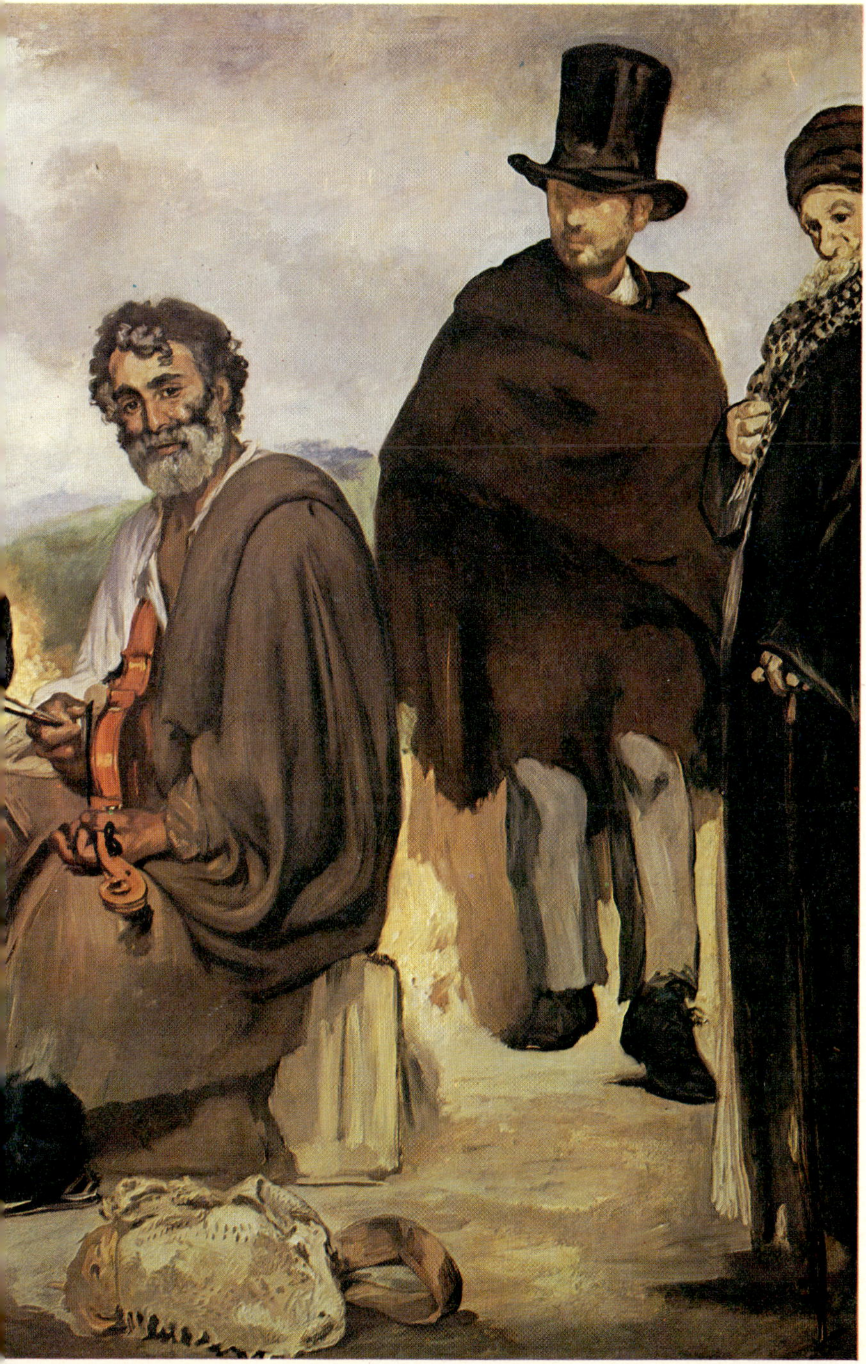

1858–1860

16. Absinthtrinker. Signiert, 1858/59. Öl auf Leinwand. 181 × 106 cm. Kopenhagen, Ny Carlsberg Glyptothek
17. Kopf eines Mannes. Signiert, um 1859. Öl auf Leinwand. 55 × 46 cm. New York, Privatsammlung. Signatur zweifelhaft
18. Bäume. Signiert, um 1859. Öl auf Leinwand. 54 × 30 cm. Gent, Sammlung Leten
19. Knabe mit Kirschen. Signiert, 1859. Öl auf Leinwand. 65 × 55 cm. Oeiras, Fundação Calouste Gulbenkian
20. Abbé Hurel. 1859. Öl auf Leinwand. 47 × 37 cm. Verbleib unbekannt
21. Frau mit Krug. 1858–60. Öl auf Leinwand. 55 × 45 cm. Kopenhagen, Ordrupsgaardsamlingen. Laut kürzlich erfolgter Durchleuchtung vollständig übermalt
22. Knabe mit Zicklein. Signiert, 1859/60. Öl auf Papier. 19 × 17 cm. Paris, Privatsammlung

Fahrende Musikantin am Eingang eines Cabarets (Die Straßensängerin) (Ausschnitt, vgl. Abb. 41)
Hier taucht zum ersten Mal Victorine Meurent auf, Manets bevorzugtes Modell bis 1875, eine geglückte Synthese frischer Farbverbindungen, vor allem bei der Kirschtüte in ihrer Hand. Laut Richardson weist die vereinfachte Formgebung auf den Einfluß der japanischen Kunst hin, die damals in Paris sehr beliebt war.

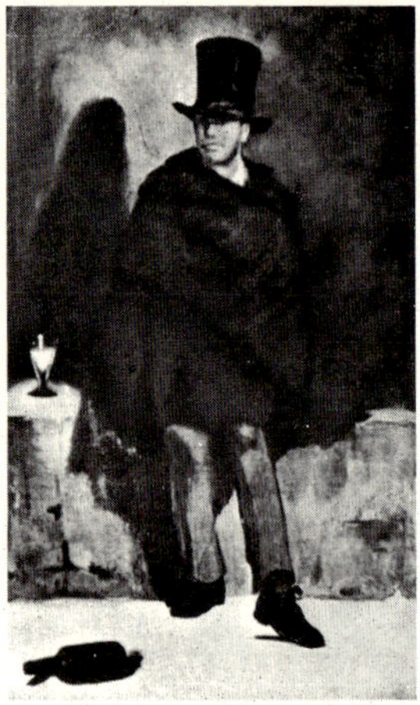
16

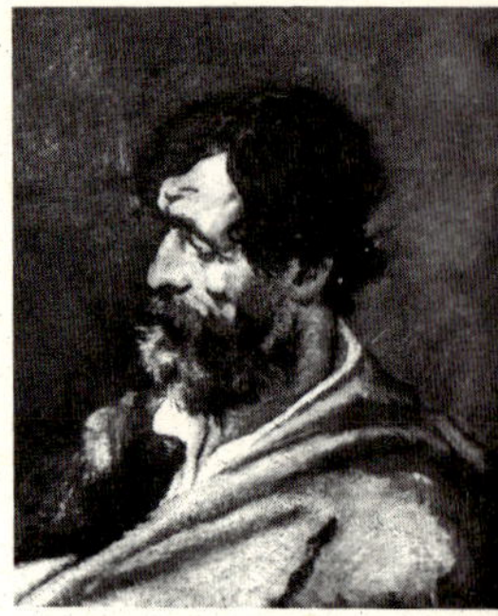
17

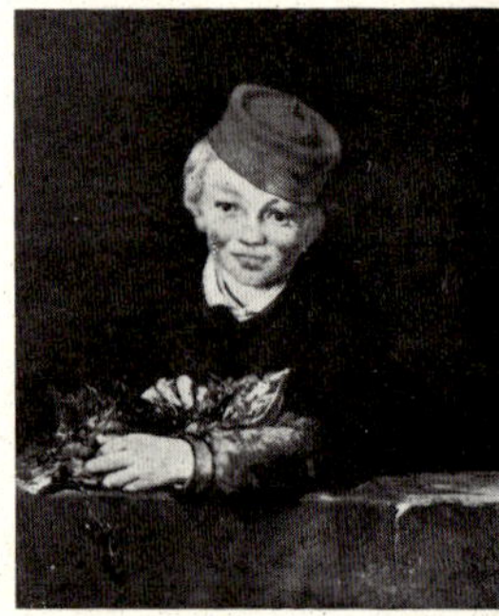
19

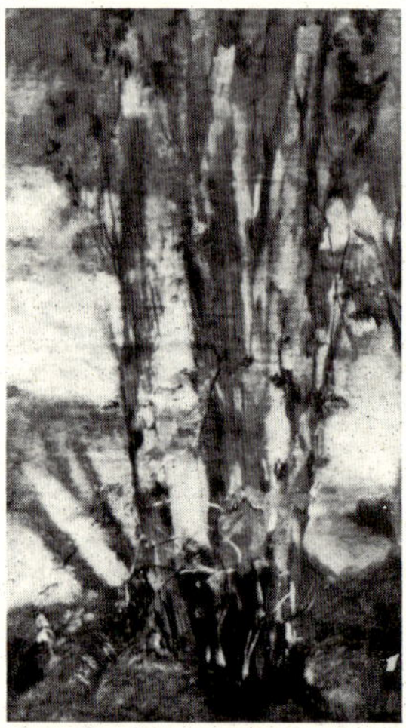
18

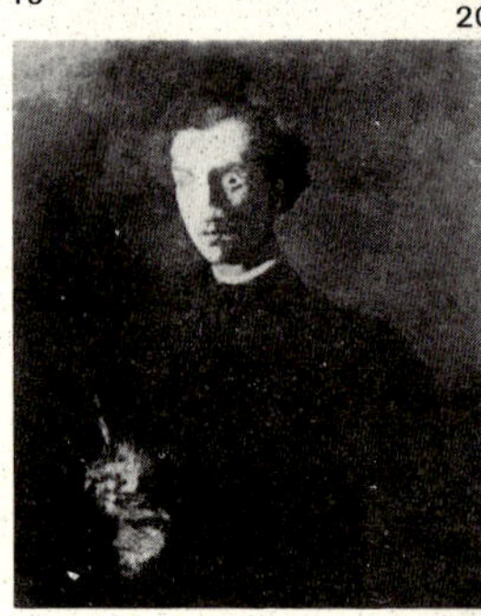
20

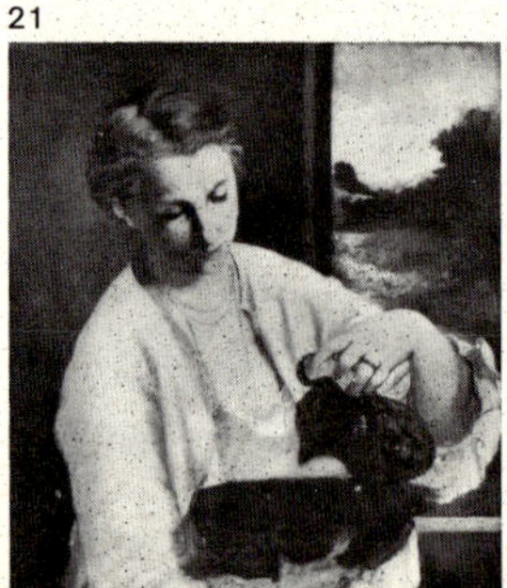
21

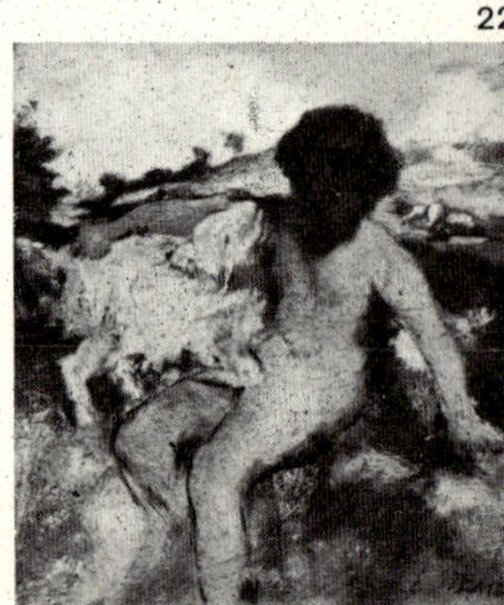
22

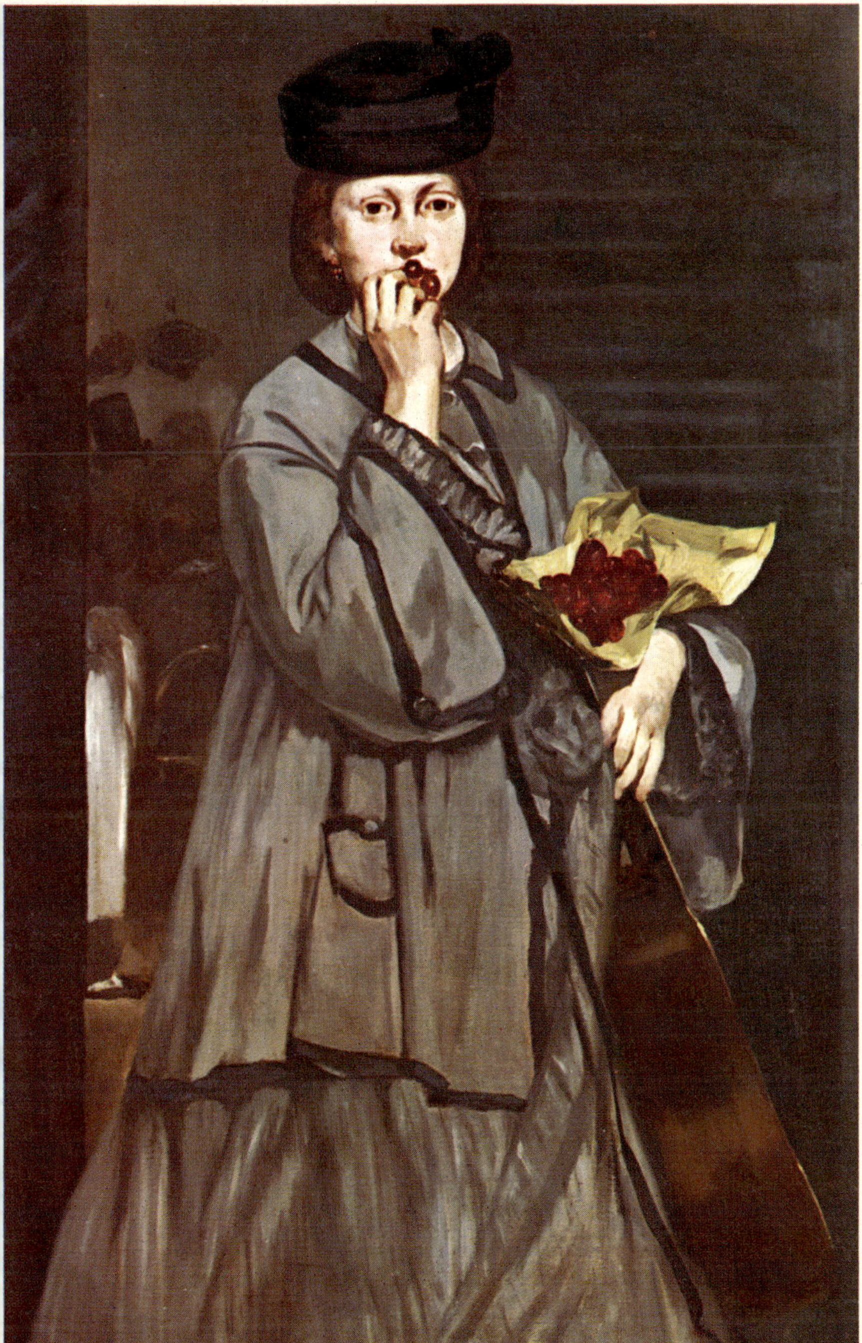

1860

23. Velasquez im Atelier. 1860. Öl auf Leinwand. 46 × 38 cm. Paris, Sammlung Lorenceau
24. Spanische Reiter und Knabe mit Tablett. Signiert, um 1860. Öl auf Leinwand. 45 × 25 cm. Lyon, Musée des Beaux-Arts
25. Bildnis eines Mannes (Der Sänger Rubini?; Paul Rodier?). Signiert und datiert 1860. Öl auf Leinwand. 62 × 50 cm. Otterlo, Rijksmuseum Kröller-Müller
26. Studenten aus Salamanca. Signiert und datiert 1860. Öl auf Leinwand. 79 × 92 cm. Buenos Aires, Museo Nacional de Bellas Artes
27. Italienisches Modell. 1860. Öl auf Leinwand. 74 × 60 cm. New York, Privatsammlung

Lola de Valence
(vgl. Abb. 43)
Manet könnte durch Vorlagen von Goya und Daumier zu dieser Tänzerin angeregt worden sein. Im Hintergrund sind Bühnenkulissen aus Holz erkennbar, laut Richardson eine Abwendung vom »romantischen Illusionstheater«. Die strenge Schönheit Lolas, die sinnlich leuchtenden, zwischen braun und weiß schwankenden Farben, erregten die Bewunderung der Freunde des Malers. Sie baten Baudelaire, seinen berühmten Vierzeiler direkt auf das Bild zu schreiben und nicht auf ein am Rahmen angebrachtes Papier.

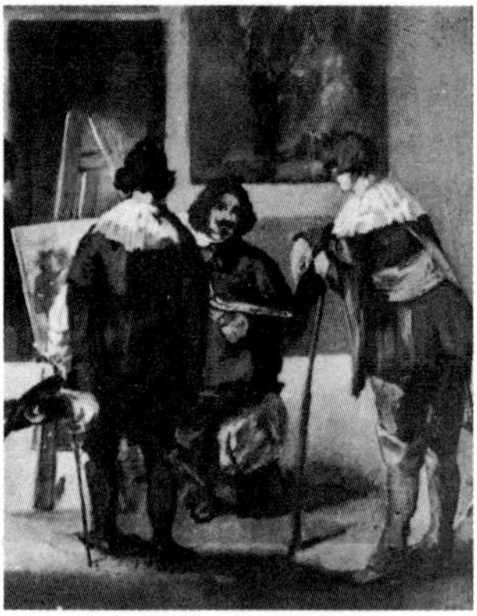
23

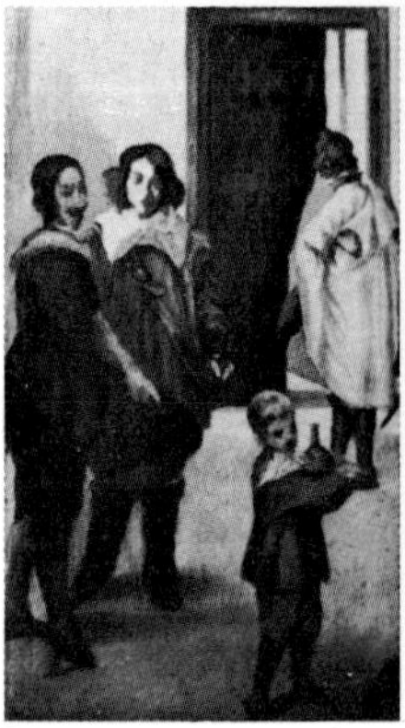
24

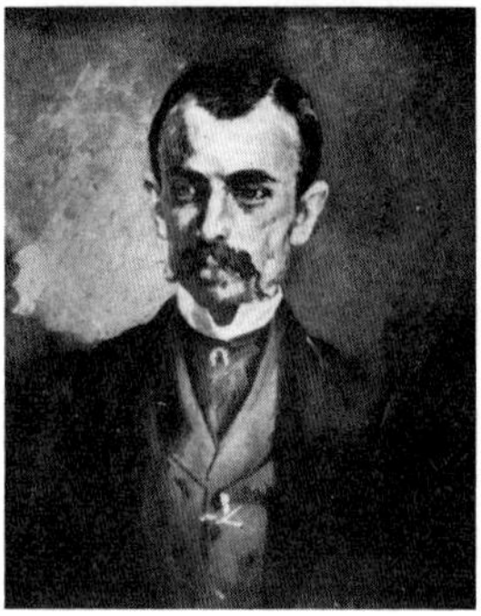
25

27
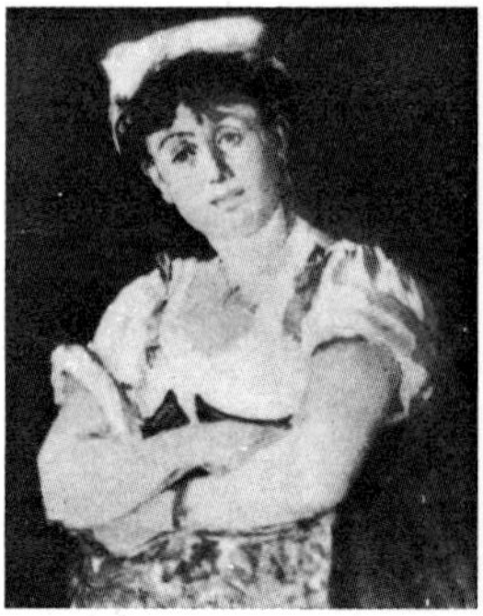

26
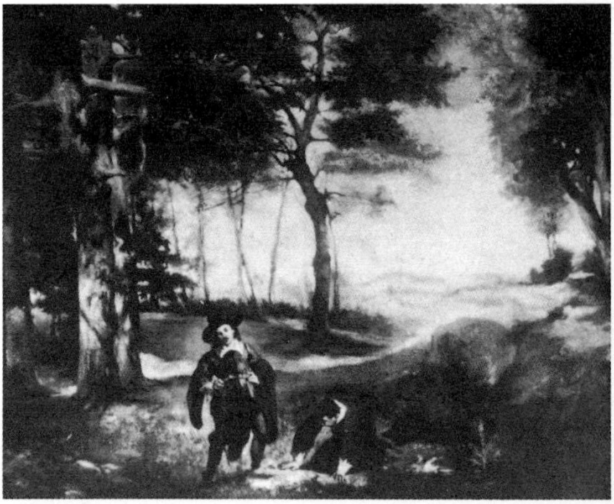

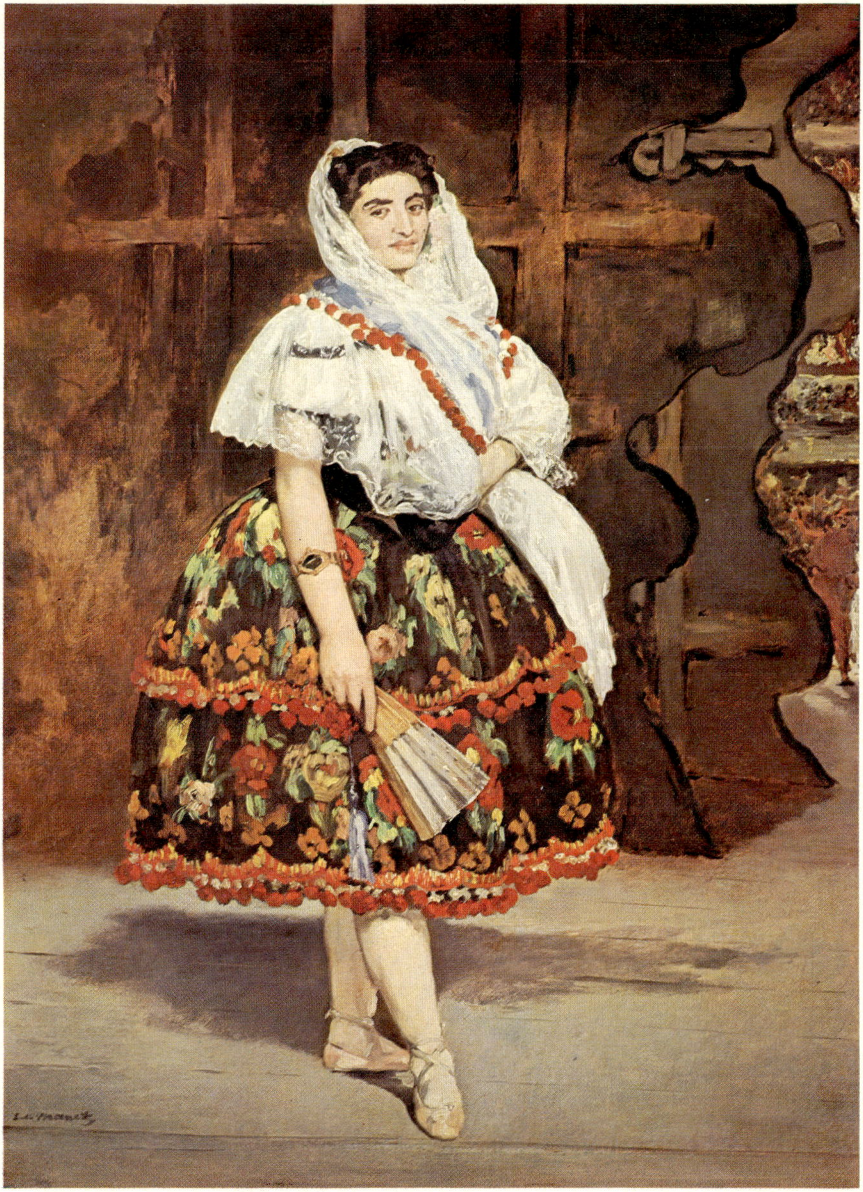

1860–1862

28. Die Eltern des Künstlers. Signiert und datiert 1860. Öl auf Leinwand. 110×90 cm. Ehemals Paris, Sammlung Rouart
29. Knabe mit Hund. Signiert, 1860. Öl auf Leinwand. 92×72 cm. Paris, Privatsammlung
30. Konzert in den Tuilerien. Signiert und datiert 1862. Öl auf Leinwand. 76×119 cm. London, National Gallery. Erste Datierung in verschiedenen Farben 1862; der Katalog der Manetausstellung datiert 1864; die vierte mögliche Datierung des Gemäldes ist 1860
31. Spanischer Guitarrist. Signiert und datiert 1860. Öl auf Leinwand. 147×114 cm. New York, Metropolitan Museum

Zu Seite 26/27:
Frühstück im Freien
(Déjeuner sur l'herbe)
(vgl. Abb. 54 a)
Abgebildet sind Victorine Meurent, Gustave Manet und der Bildhauer Ferdinand Leènhoff, der Schwager des Malers. Zu diesem Bild gibt es einen Entwurf (Abb. 54 b); das noch nicht identifizierte Modell wurde fälschlicherweise für die Frau des Künstlers Suzanne gehalten. Das Bild wurde von der Jury des Salons von 1863 abgelehnt und deshalb für den »Salon des Refusés« vorgeschlagen. Inspiriert wurde es durch Giorgiones oder Tizians »Ländliches Konzert« im Louvre und das »Urteil des Paris«, eine Radierung von M. A. Raimondi nach einer verlorengegangenen Zeichnung von Raffael.

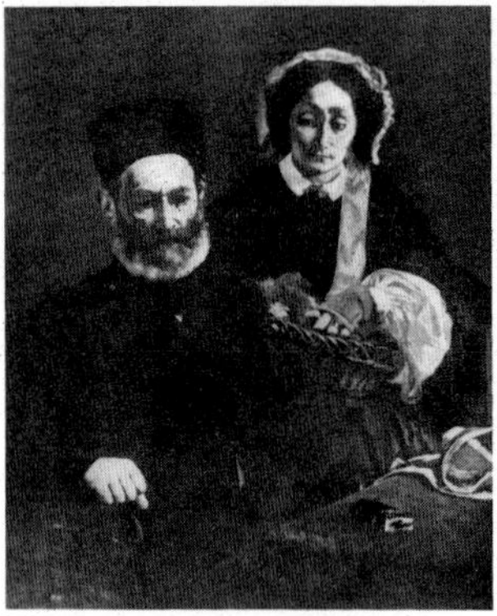
28

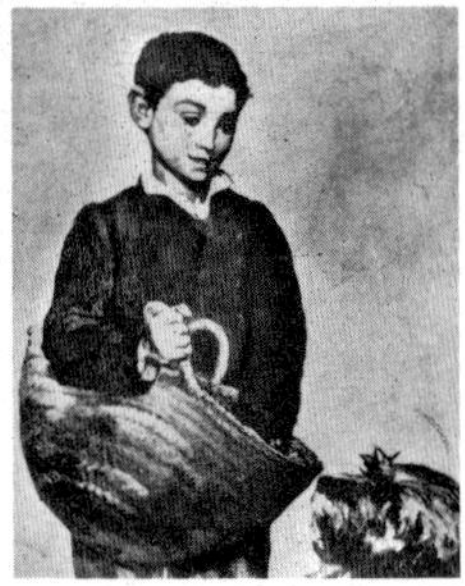
29

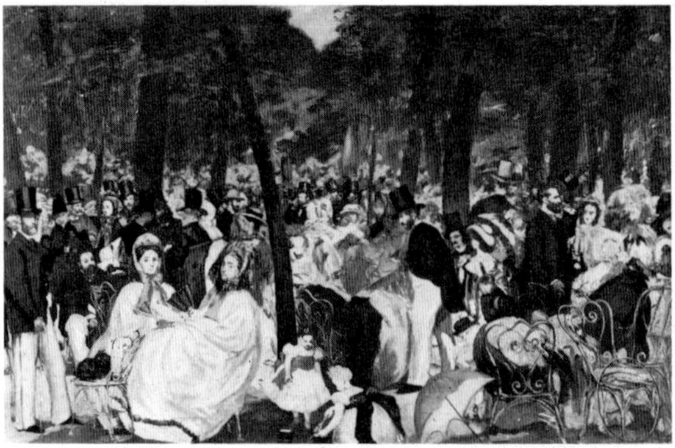
30

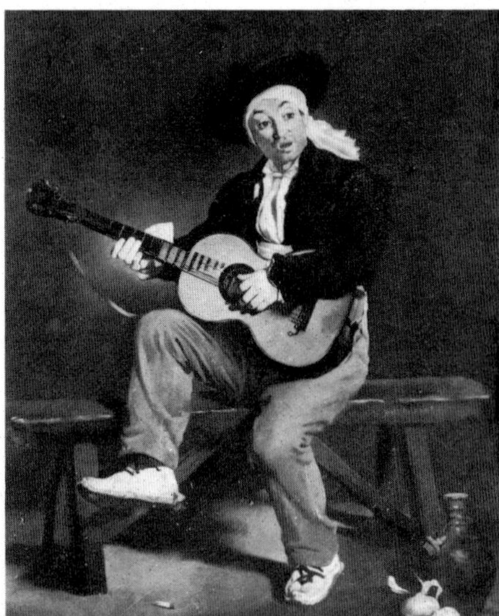
31

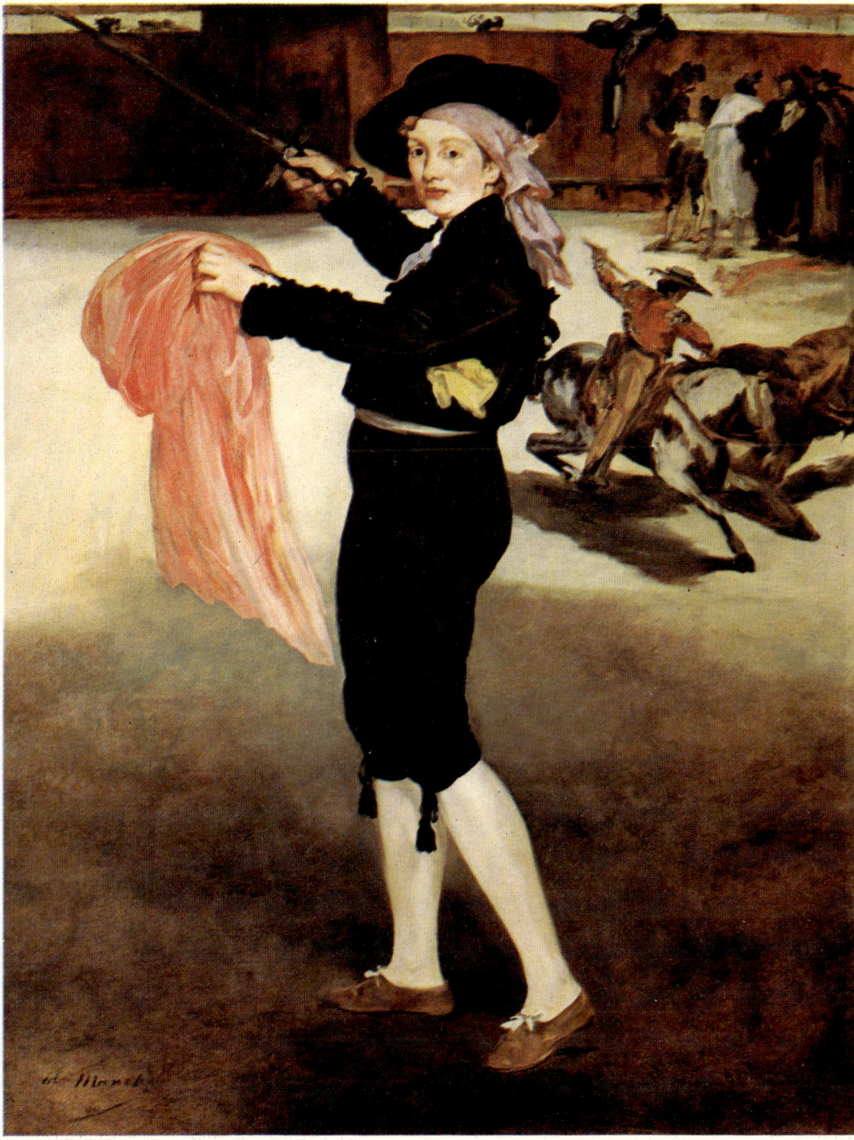

Victorine Meurent im »Espada-Kostüm« (vgl. Abb. 45)
Rechts von Victorine, die elegant die Gesten eines Toreros nachahmt und die »Muleta« schwenkt, ist eine Stierkampfszene abgebildet, deren Proportionen in bezug auf die Frau nicht im Gleichgewicht zu stehen scheinen.

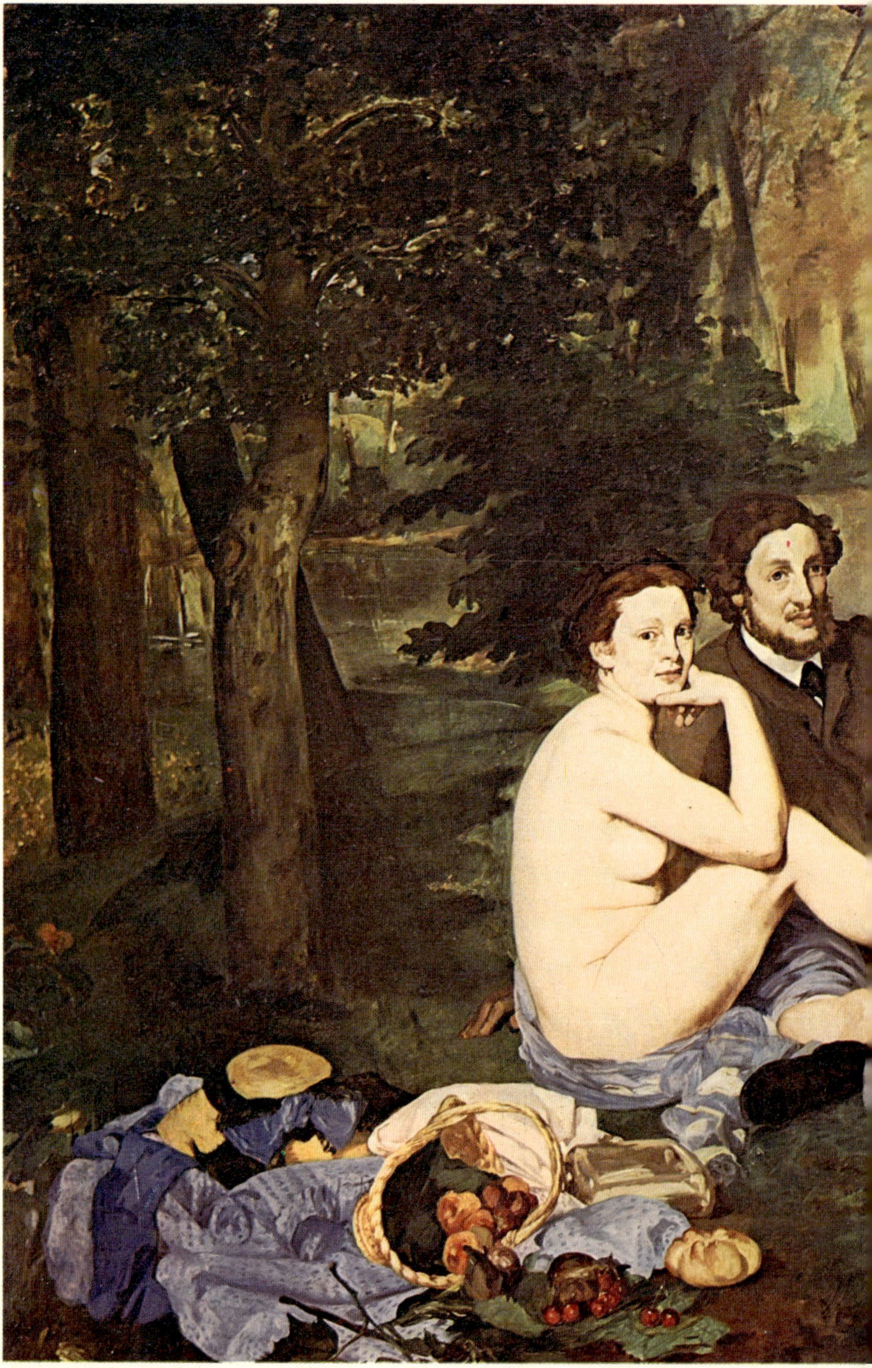

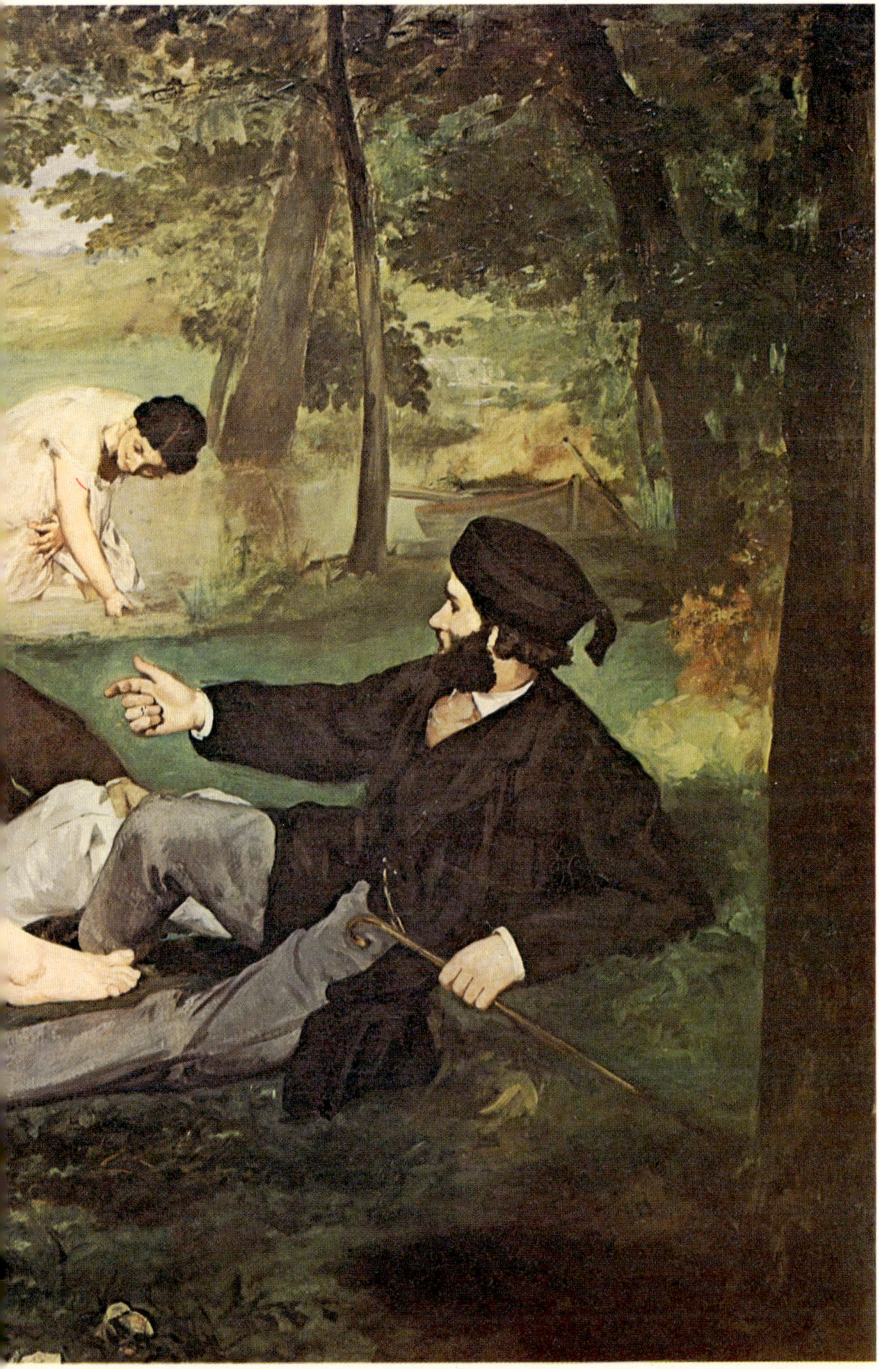

1860–1862

32. Selbstbildnis mit Suzanne und Fischern (Der Fischfang; Die Insel Saint Ouen). Signiert, 1860/61. Öl auf Leinwand. 77 × 123 cm. New York, Metropolitan Museum. Signatur von der Witwe des Künstlers

33. Alter, lesender Mann. Signiert, 1861. Öl auf Leinwand. 98 × 80 cm. St. Louis, City Art Museum (Sammlung E. Davis)

34. Knabe mit Schwert. Signiert, 1861. Öl auf Leinwand. 131 × 93,5 cm. New York, Metropolitan Museum

35 a. Überraschte Nymphe. Signiert und datiert 1861. Öl auf Leinwand. 146 × 114 cm. Buenos Aires, Museo Nacional de Bellas Artes. Komposition vielleicht durch Rembrandts Susanna inspiriert

35 b. Überraschte Nymphe. Öl auf Holz. 35 × 25 cm. Paris, Privatsammlung

35 c. Überraschte Nymphe. Öl auf Leinwand. 35 × 46 cm. Oslo, Nasjonalgalleriet. Signatur unecht

35 d. Überraschte Nymphe. Öl auf Leinwand. 35 × 46 cm. Ehemals Paris, Sammlung Cameutron

36. Stilleben mit Pfingstrosen in einem Bierkrug und Halskette. Signiert, 1861. Öl auf Leinwand. 46 × 38 cm. London, Privatsammlung

37. Jeanne Duval. Signiert, 1862. Öl auf Leinwand. 90 × 113 cm. Budapest, Szépmüvészeti Muzeum

38. Zigeunerin mit Zigarette. Um 1862. Öl auf Leinwand. 91 × 73 cm. Bernardsville (New Jersey), Sammlung Archibald S. Alexander

39. Fragmente der auseinandergeschnittenen Komposition »Die Zigeuner«. Signiert, 1862. 28,4 × 20,6 cm. (Nach dem gleichnamigen Stich gemalt). 2. Fassung. Signatur: »Manet sculpt«

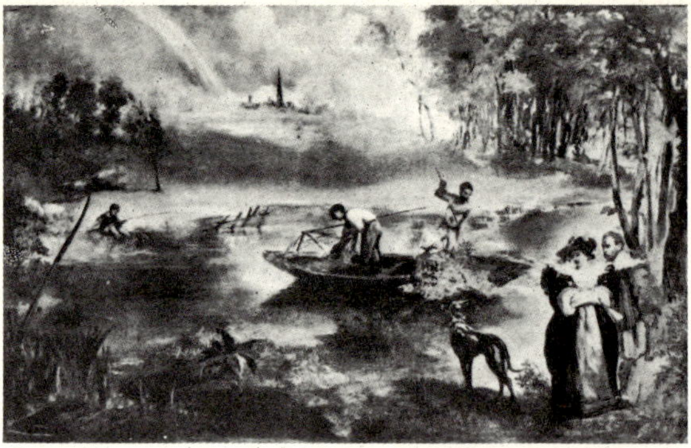
32

33

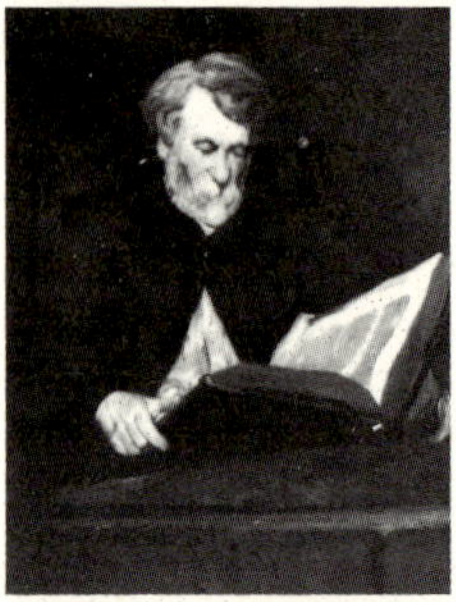

35a

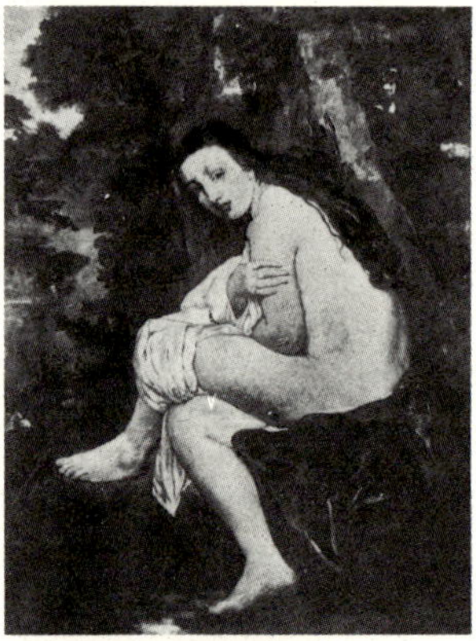

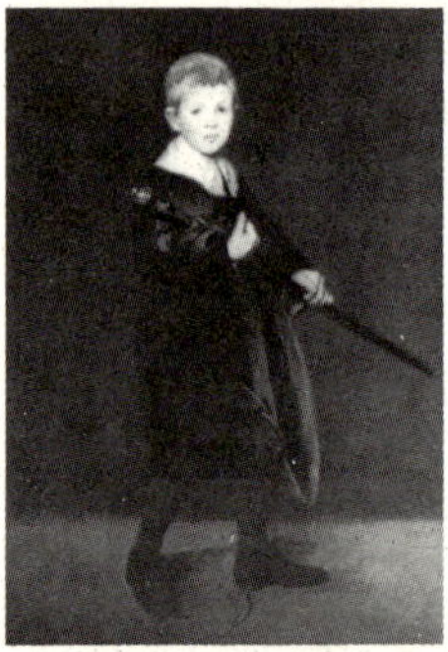
34

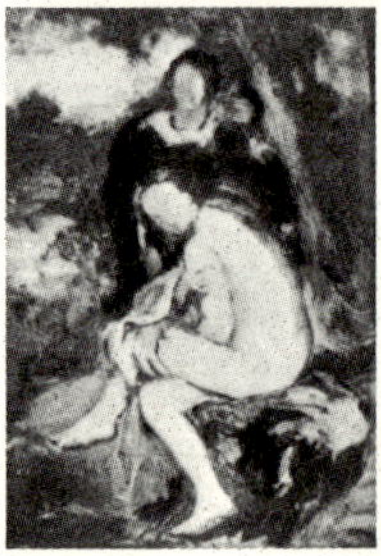
35b

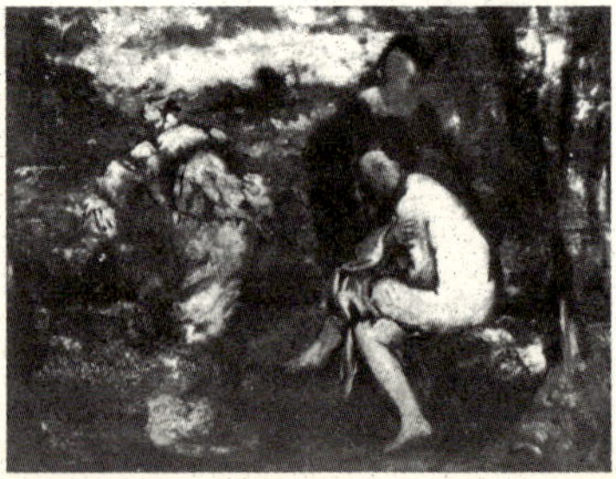
35d

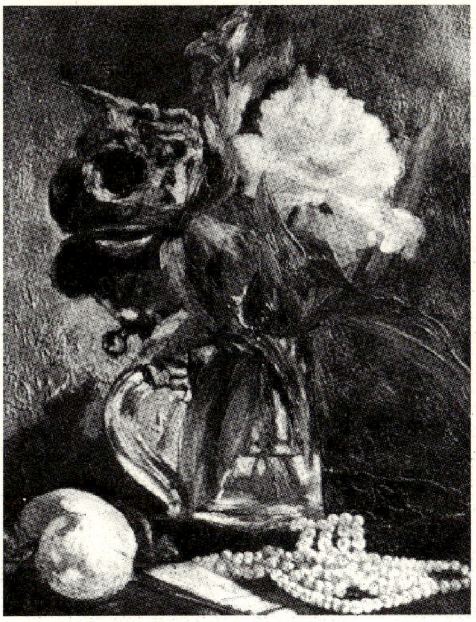

36

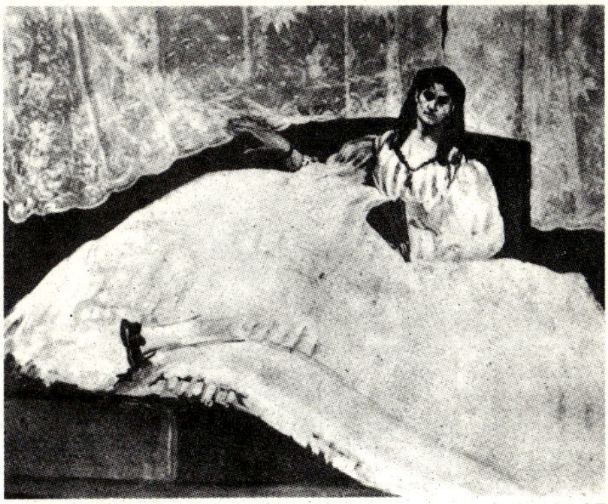

37

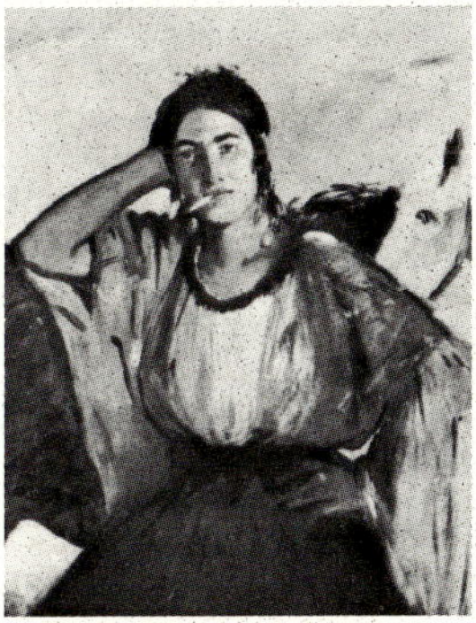

38

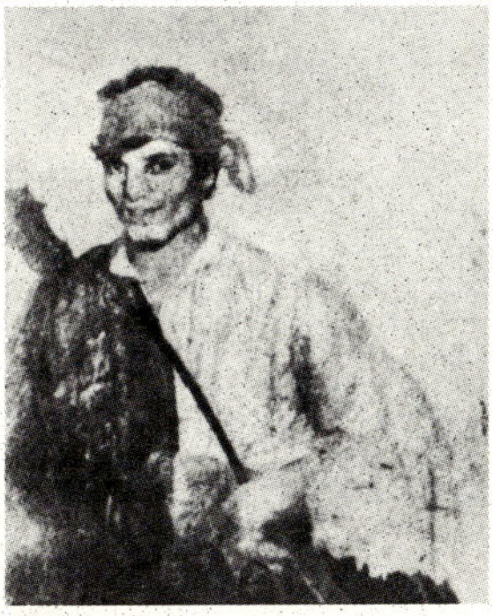

39B

39A

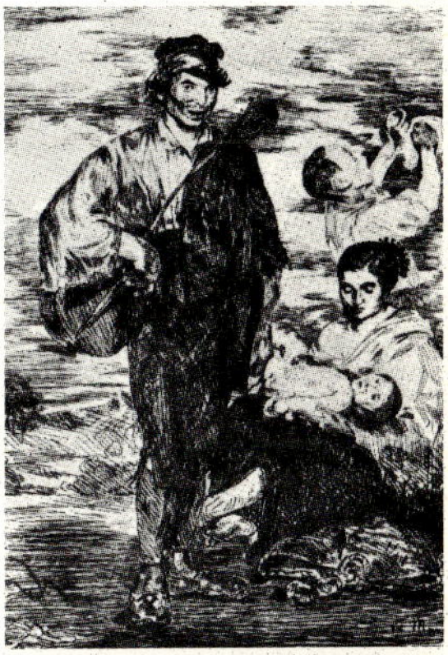

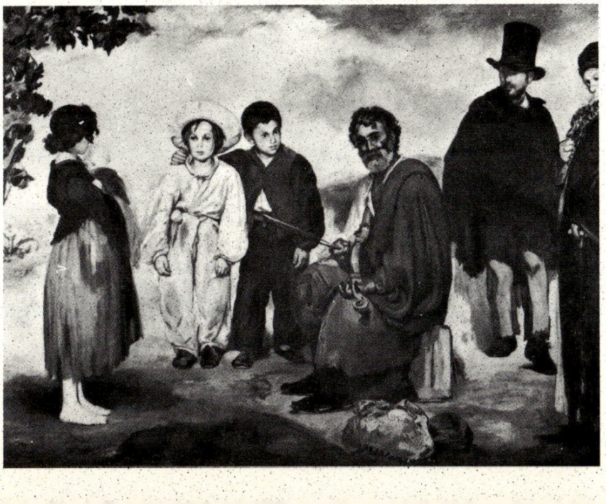

40

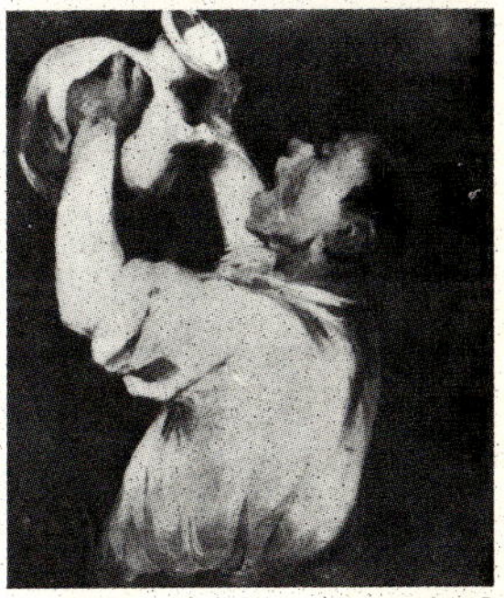

39C

1862

39 a. Zigeunerin. Um 1862. Öl auf Leinwand. 92 × 73 cm. Ehemals Paris, Sammlung Bashkirtzeff

39 b. Zigeuner. Um 1862. Öl auf Leinwand. 90 × 74 cm. Paris, Sammlung Samson

39 c. Wassertrinker. Signiert, 1862. Öl auf Leinwand. 57 × 48 cm. Chicago, Art Institute

40. Alter Musikant. Signiert und datiert 1862. Öl auf Leinwand. 188 × 248 cm. Washington, National Gallery (Sammlung Chester Dale)

41. Fahrende Musikantin am Eingang eines »Cabarets« (Die Straßensängerin). Signiert, 1862. Öl auf Leinwand. 175 × 118 cm. Boston, Museum of Fine Arts (Sammlung Sears)

42. Spanisches Ballett. Signiert und datiert 1862. Öl auf Leinwand. 61 × 91 cm. Washington, Phillips Gallery

43. Lola de Valence. Signiert. Öl auf Leinwand. 123 × 92 cm. Paris, Louvre (Jeu de Paume)

44. Der Tänzer Mariano Camprubi. Signiert und datiert 1862. Öl auf Leinwand. 46 × 33 cm. New York, Sammlung Donald S. Stralem

45. Victorine Meurent im spanischen Kostüm. Signiert und datiert 1862. Öl auf Leinwand. 166 × 129 cm. New York, Metropolitan Museum (Sammlung H. O. Havemeyer)

46. Junge Frau im Torerokostüm. Um 1862. Öl auf Leinwand. 43 × 40 cm. New York, Sammlung Carleton Mitchell

47. Liegende junge Frau im spanischen Kostüm. Signiert, 1862. Öl auf Leinwand. 95 × 113 cm. New Haven, Yale University Art Gallery. Widmung: »A mon ami Nadar, Manet«

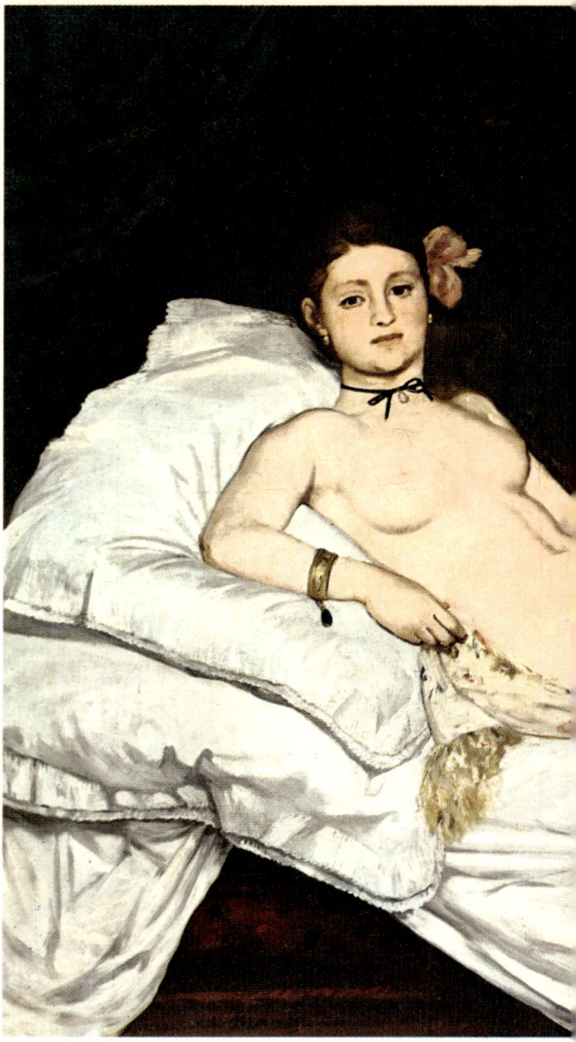

Olympia (vgl. Abb. 56)
Sicher das berühmteste Werk Manets und eins der bekanntesten und beliebtesten Bilder der modernen Malerei. Der Titel stammt von Astruc und wurde erst vierzehn Monate nach der Ausführung gefunden; wahrscheinlich steht er im Zusammenhang mit seinem mäßigen Gedicht »La Fille aux Iles«. Vom ikonographischen Bezug abgesehen (von Tizian über Goya bis Ingres) zeigt das wenige Monate nach dem »Frühstück im Freien« (vgl. Abb. 54 a) entstandene Bild in den herben, dabei höchst vereinfachten Formen, die sich scharf gegen den Hintergrund absetzen, eine noch neuere und originalere Sprache. Im Salon von 1865 skandalisierte die »Olym-

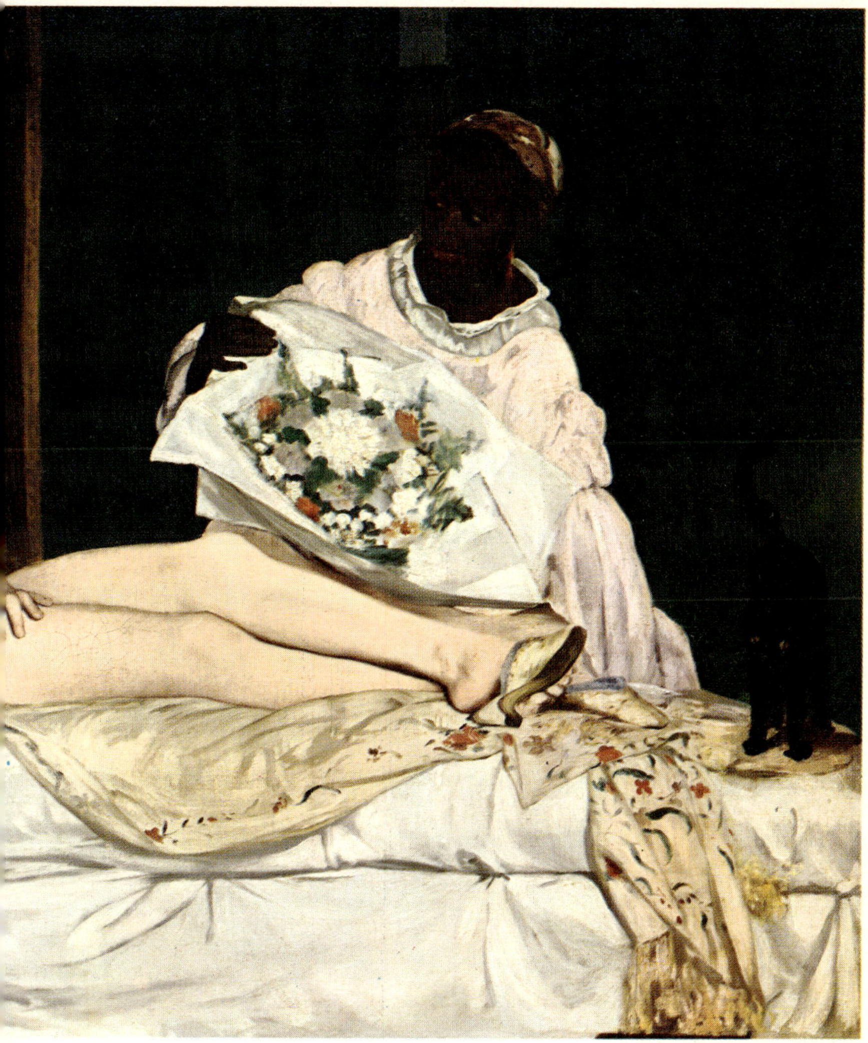

pia« Publikum wie Kritik. P. de Saint-Victor schrieb: »Die Menge drängt sich vor der heruntergekommenen ›Olympia‹ des Herrn Manet wie im Leichenschauhaus zusammen. Die so tief gesunkene Kunst ist nicht einmal mehr tadelnswert.« Manet beklagte sich über die Beleidigungen und das Unverständnis bei Baudelaire, der ihm eindringlich zu verstehen gab, daß er das schwierige Leben berühmter Künstler ertragen müsse. Unter den wenigen positiven Reaktionen ist die von Giulia Ramelli, einer in Versailles lebenden Italienerin, erwähnenswert, die sich nach dem Preis des Bildes erkundigte. Das Gemälde wurde 1889 im Palais des Beaux-Arts während der Weltausstellung gezeigt.

1862–1863

48. Stilleben mit Sombrero und Guitarre. 1862. Öl auf Leinwand. 77,5 × 121,5 cm. Avignon, Musée Calvet
49. Austern auf einem Teller. Signiert, 1862. Öl auf Leinwand. 38 × 46 cm. Washington, National Gallery (Sammlung Adele R. Levy)
50. Madame Brunet (Frau mit Handschuh). Signiert, 1862. Öl auf Leinwand. 132,5 × 100 cm. New York, Privatsammlung
51. Lange als Kind. Signiert, 1862. Öl auf Leinwand. 116 × 72 cm. Karlsruhe, Staatliche Kunsthalle
52. Victorine Meurent. 1862. Öl auf Leinwand. 43 × 43 cm. Boston, Museum of Fine Arts
53. Die Mutter des Künstlers. Signiert, 1863. Öl auf Leinwand. 105 × 80 cm. Boston, Isabella Stewart Gardener Museum

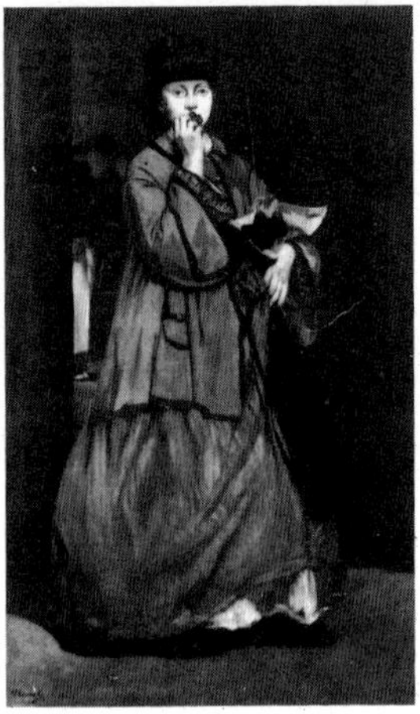

41

43

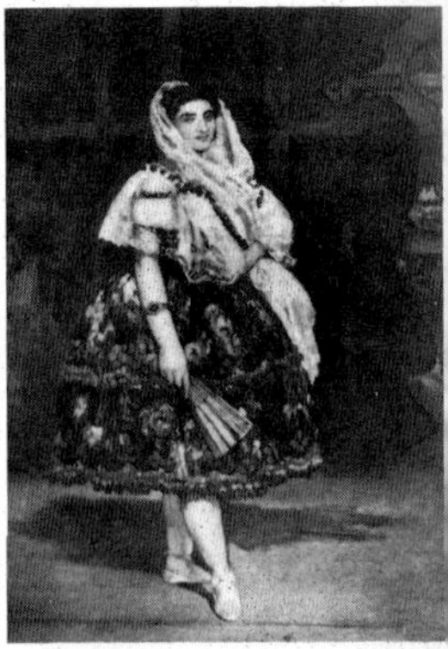

42

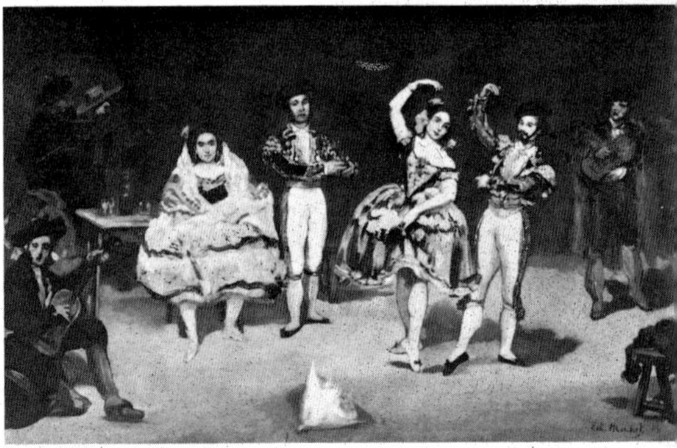

44

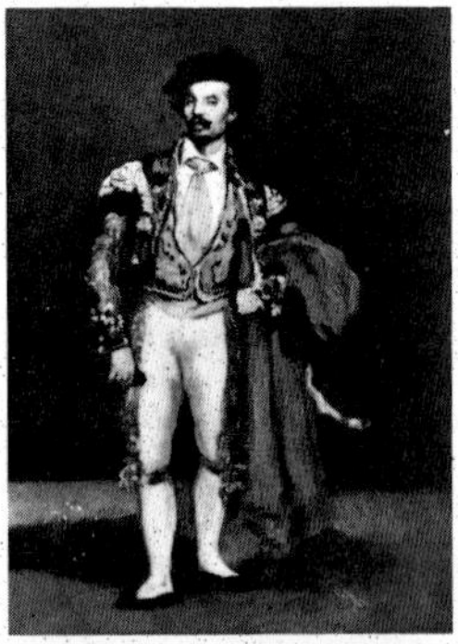

46

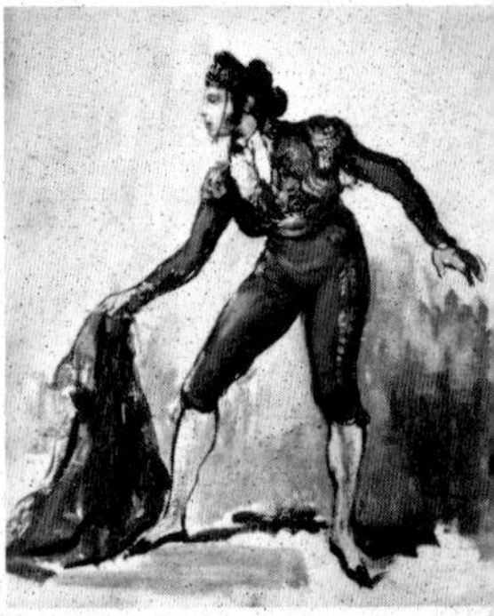

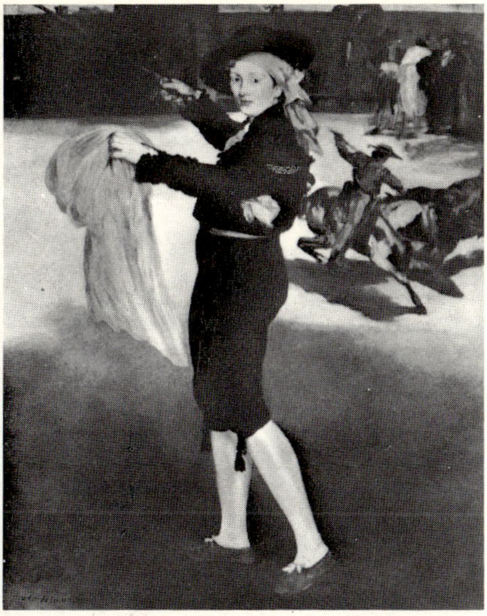

45

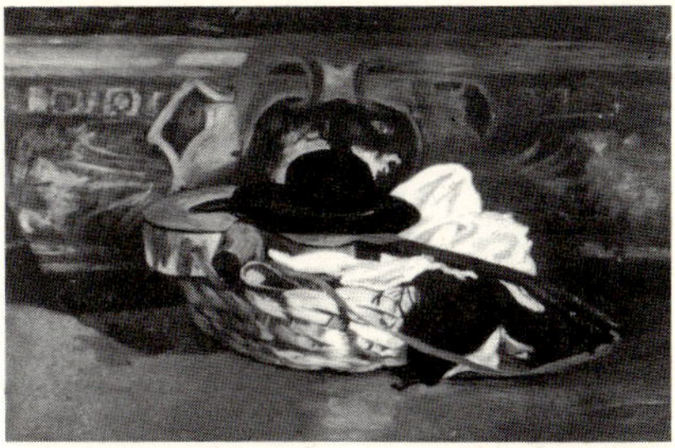

48

47

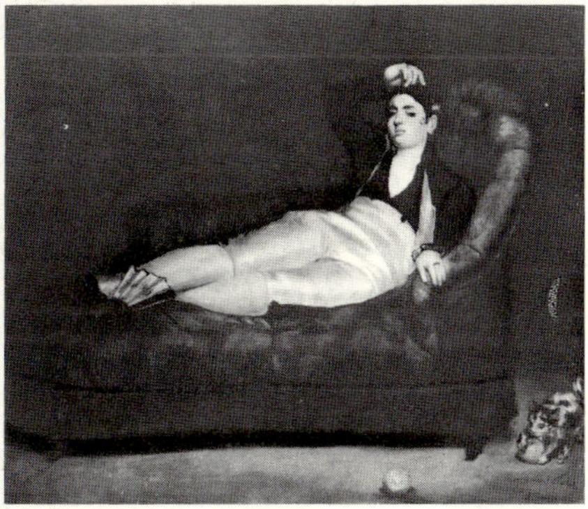

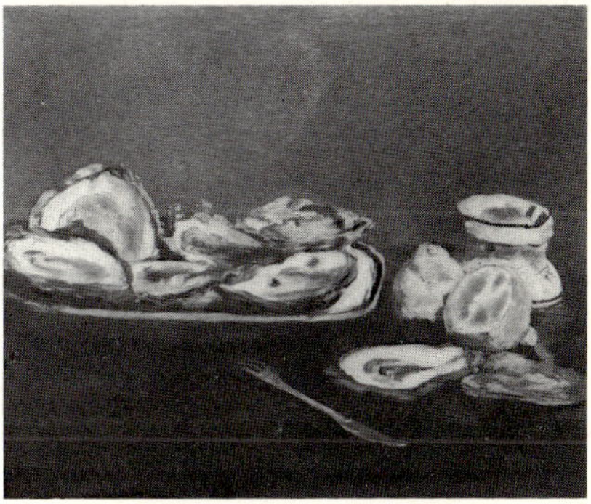

49

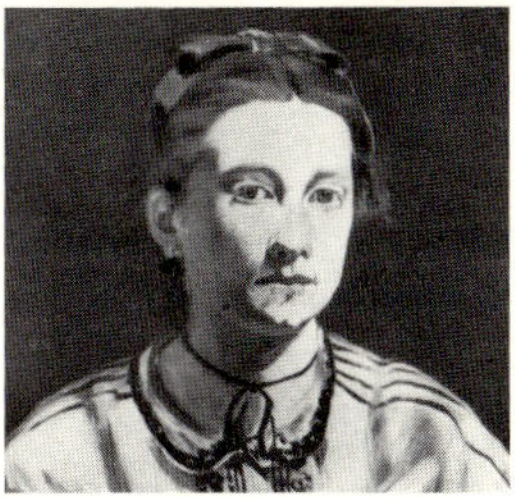

52

50

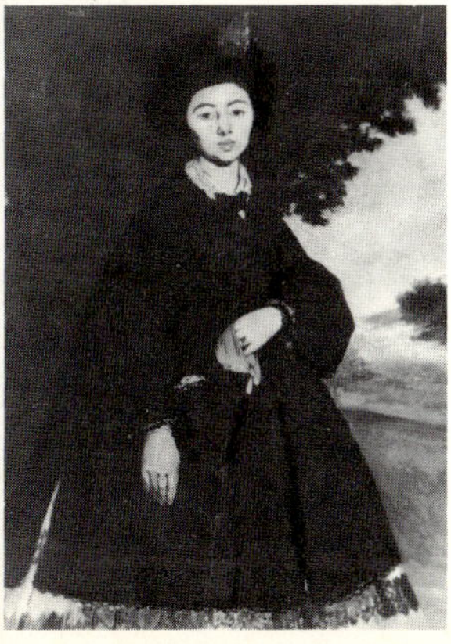

51

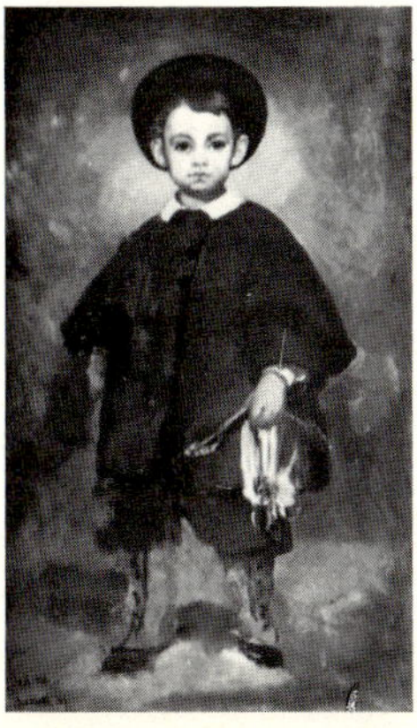

53

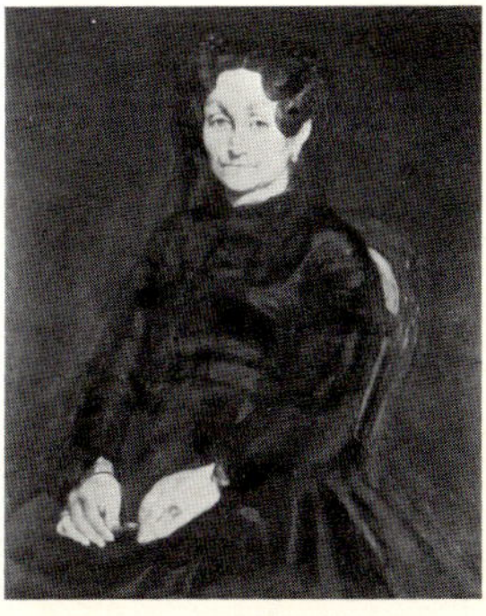

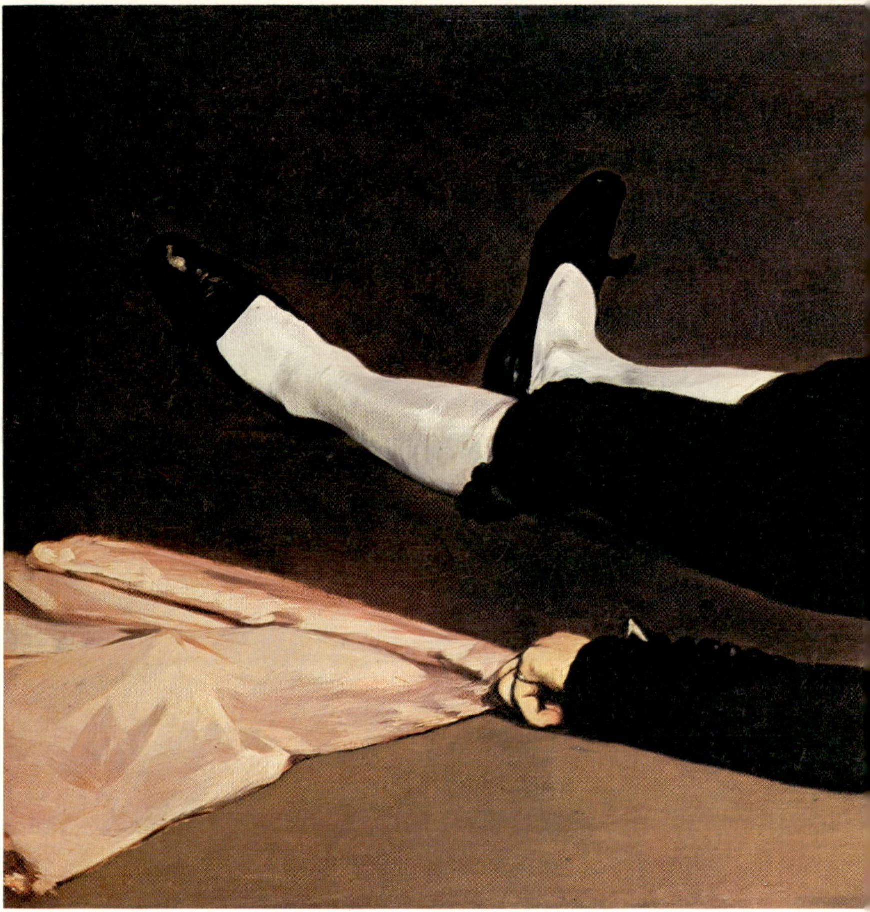

Toter Torero (vgl. Abb. 60 a)
Wichtigstes Fragment des Gemäldes »Corrida«, das auf dem Salon 1864 gezeigt und wegen seiner unausgeglichenen Proportionen angegriffen wurde. Manet konnte diese Kritik nicht völlig ablehnen. Laut einigen Kennern (Coffin Hanson, Richardson) geht die Komposition mit ihren Schwarz-Weiß-Kontrasten und der verkürzten Perspektive auf das Velasquez zugeschriebene Gemälde »Orlando muerto« zurück.

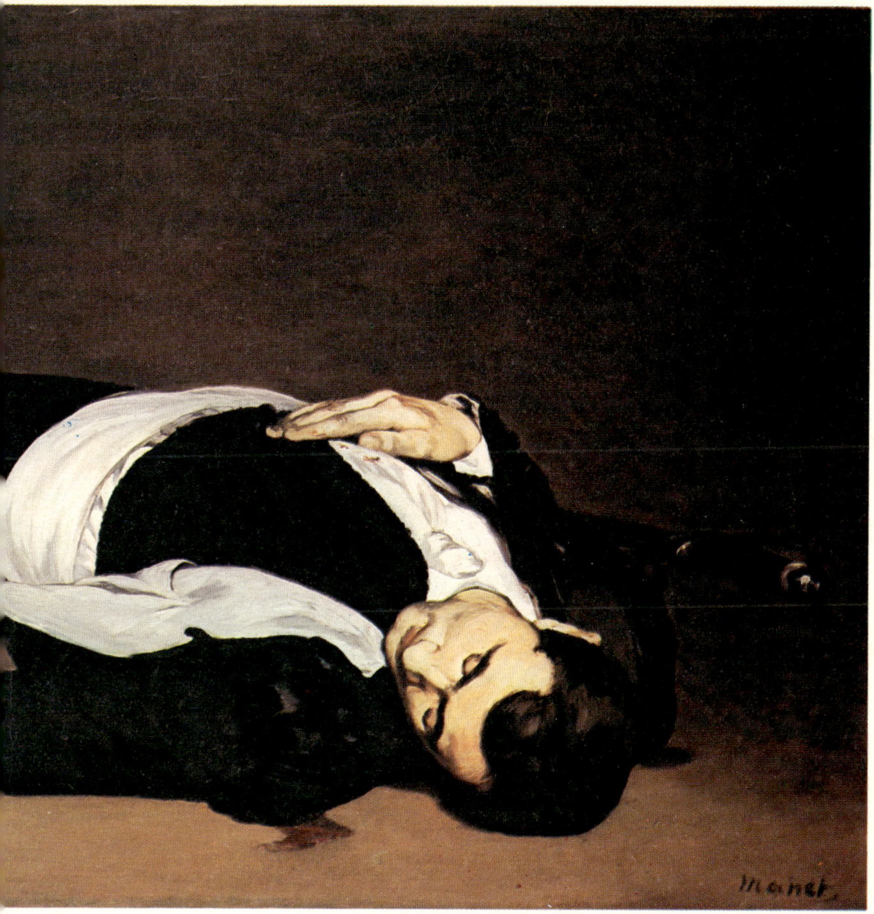
manet

1863

54a. Frühstück im Freien (»Déjeuner sur l'herbe«). Signiert und datiert 1863. Öl auf Leinwand.
208 × 264,5 cm. Paris, Louvre (Jeu de Paume)
54b. Frühstück im Freien (»Déjeuner sur l'herbe«). Signiert, 1863. Öl auf Leinwand. 98,5 × 115 cm. London, Courtauld Institute Galleries, The Hone House Trustees
54c. Frühstück im Freien (La pêche). Signiert, 1863. Öl auf Leinwand. 46 × 56 cm. Wuppertal, Museum van der Heydt
55. Negerin mit »Madras« und Halskette. 1863. Öl auf Leinwand. 59 × 49 cm. Schweiz, Privatsammlung
56. Olympia. Signiert und datiert 1863. Öl auf Leinwand. 130,5 × 190 cm. Paris, Louvre (Jeu de Paume)

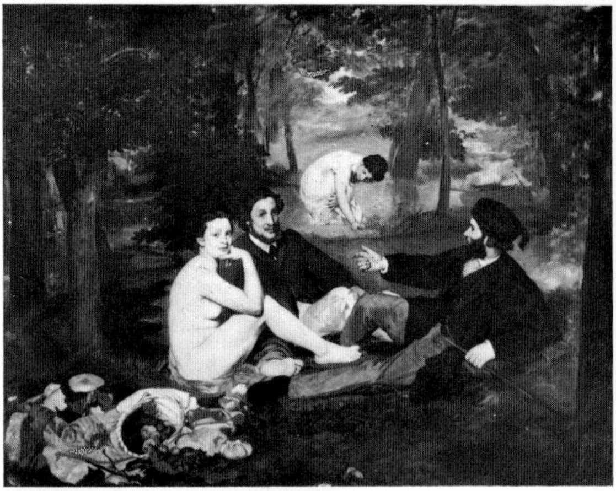

54a

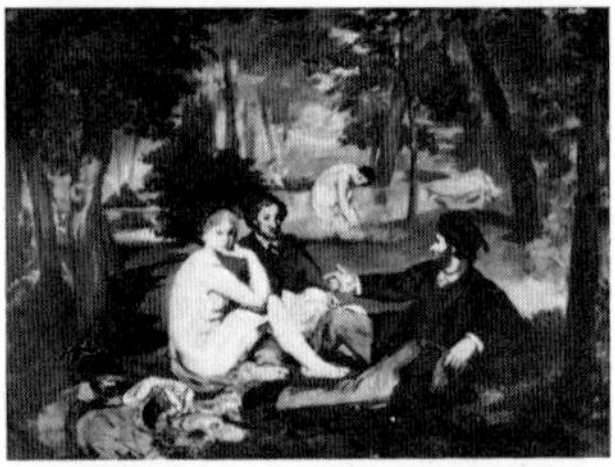

54b

54c

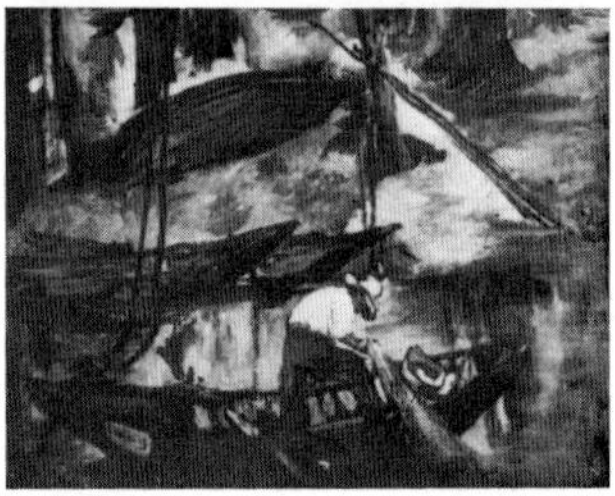

55

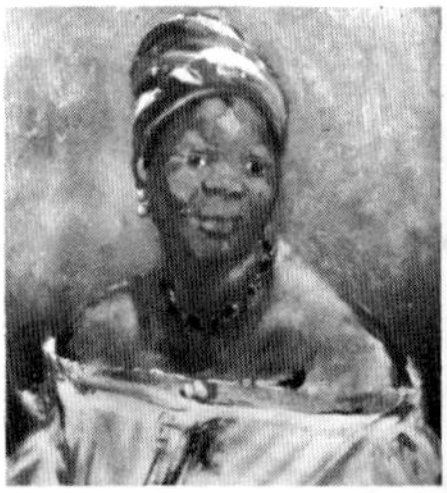

56

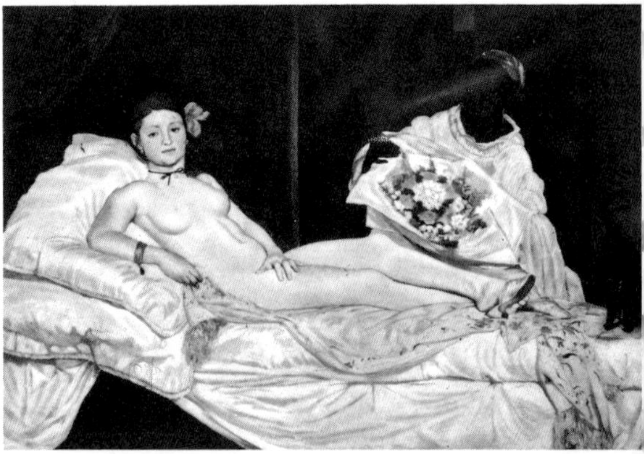

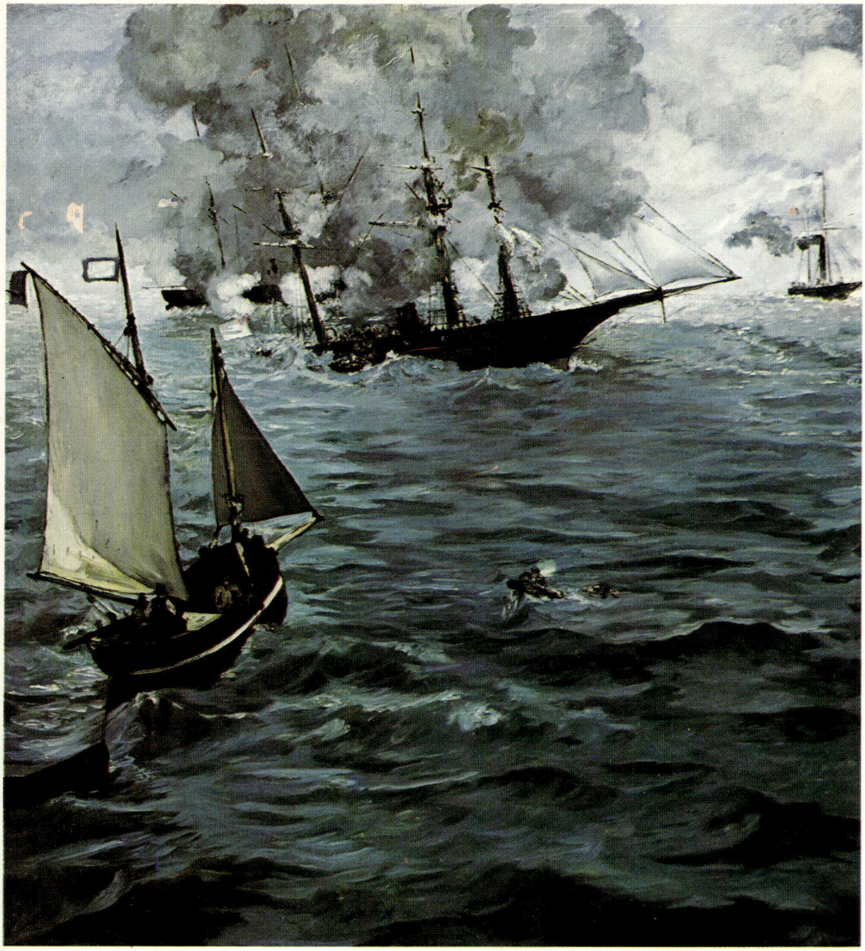

Das Gefecht zwischen der »Keasarge« und der »Alabama«
(vgl. Abb. 61)
Nach dem Bericht seines Freundes A. Proust soll Manet der Seeschlacht bei Cherbourg (19. Juni 1864) tatsächlich beigewohnt haben. Andere halten dies für unwahrscheinlich, zumal der Maler in einem Brief an Burly von der Besichtigung der Keasarge an der Reede von Boulogne berichtet. In jedem Fall ist es eines seiner frühesten Seestücke; es wurde später ohne dokumentarische Absicht wieder aufgenommen.

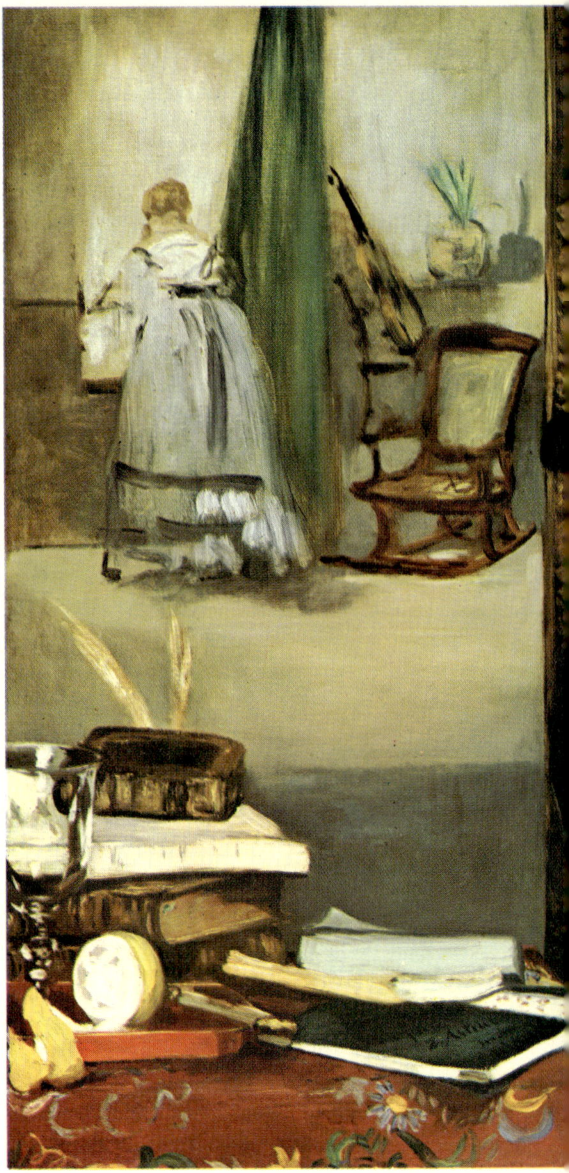

Zacharie Astruc
(vgl. Abb. 64)
Das Porträt des Malers, Bildhauers, Dichters, Kritikers und Komponisten Astruc zeigt auch in den kompositorischen Einzelheiten Manets Interesse für die Venezianische Malerei. Im Hintergrund sieht man Astrucs Frau in Rückenansicht; die abgehobene Darstellung erinnert an die »Venus von Urbino« von Tizian, die der Künstler zehn Jahre zuvor kopiert hatte (vgl. Abb. 10). Das Porträt fand bei seinen Freunden keinen Anklang und blieb für immer im Atelier.

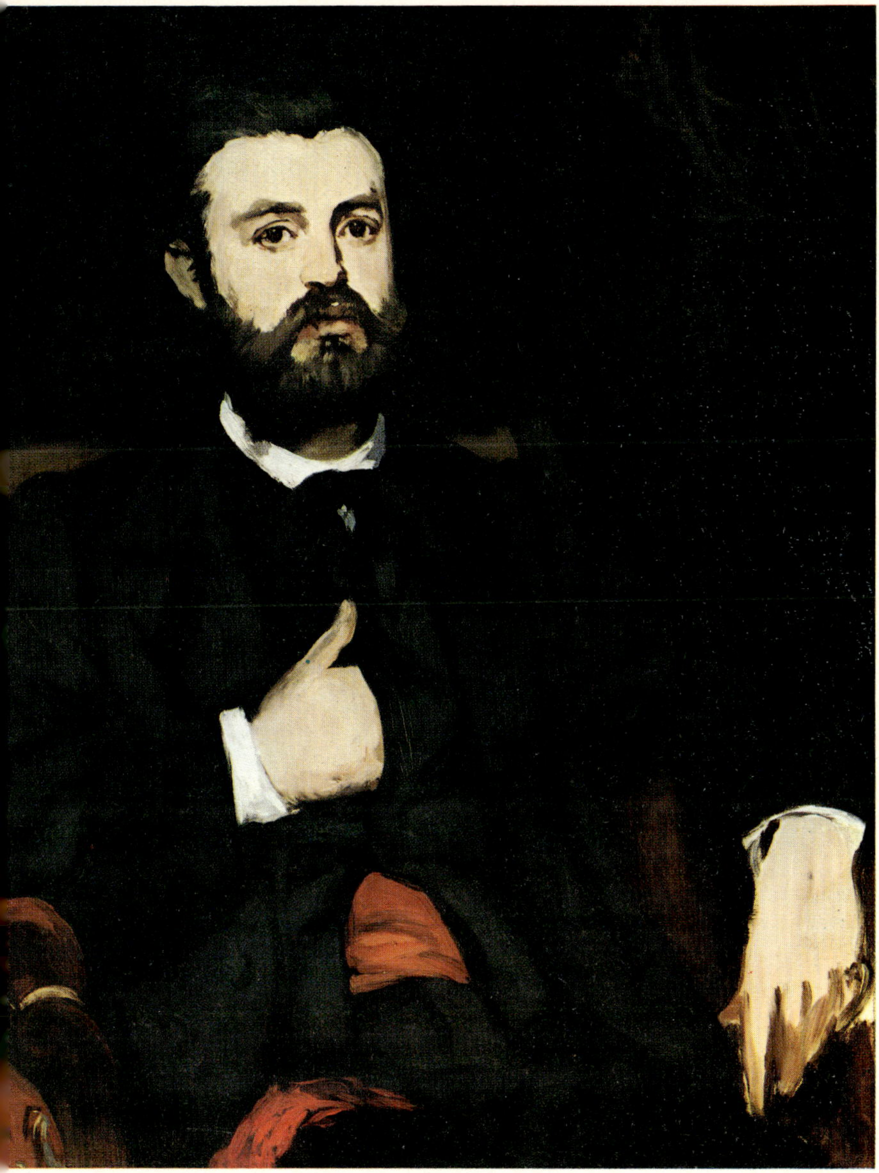

1863–1864

57. Junger Mann im »Majo«-Kostüm. Signiert und datiert 1863. Öl auf Leinwand. 188 × 125 cm. New York, Metropolitan Museum (Sammlung H. O. Havemeyer)
58. Toreros, sich ausruhend (»Posada«). Signiert, 1863. Öl auf Leinwand. 52 × 89 cm. Farmington (Connecticut), Hill-Stead Museum
59. Toter Christus und zwei Engel. Signiert, 1864. Öl auf Leinwand. 175 × 155 cm. New York, Metropolitan Museum (Sammlung H. O. Havemeyer)
60. Stierkampf. (auseinandergeschnittenes Gemälde)
60 a. Toter Torero. Signiert, 1864. Öl auf Leinwand. 75 × 154 cm. Washington, National Gallery (Sammlung Widener)
60 b. Kämpfende Toreros (Corrida). 1864. Öl auf Leinwand. 48 × 108 cm. New York, Sammlung Frick
61. Das Gefecht zwischen der »Kaesarge« und der »Alabama«. Signiert, 1864. Öl auf Leinwand. 145 × 130 cm. Philadelphia, Sammlung John G. Johnson
62. Die »Kaesarge« vor Boulogne-sur-mer. Signiert, 1864. Öl auf Leinwand. 91 × 100 cm. Washington, Sammlung Peter H. B. Frelinghuysen
63. Schiffe auf dem Meer. Signiert, 1864. Öl auf Leinwand. 81 × 100 cm. Philadelphia, Museum of Art (Sammlung Anne Thomson)
64. Zacharie Astruc. Signiert und datiert 1864. Öl auf Leinwand. 90 × 116 cm. Bremen, Kunsthalle
65. Vase mit Pfingstrosen auf einem Sockel. Signiert, 1864. Öl auf Leinwand. 93,2 × 70,2 cm. Paris, Louvre (Jeu de Paume)

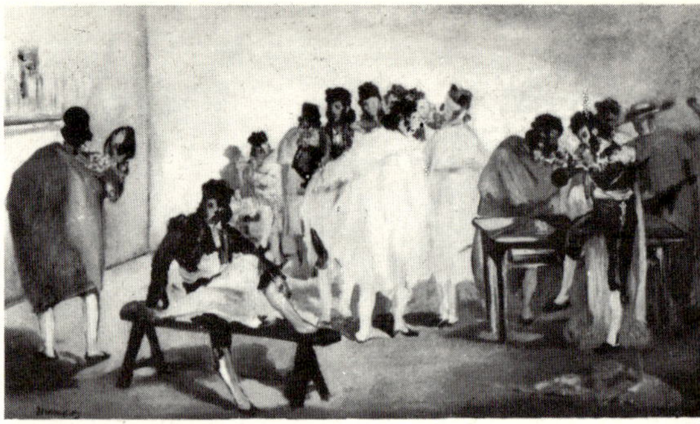
58

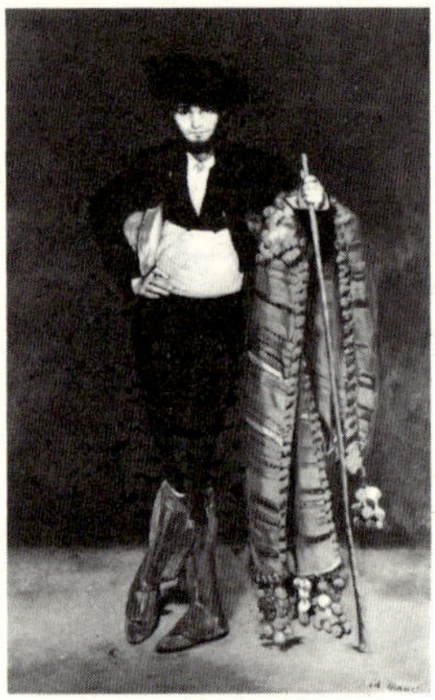
57

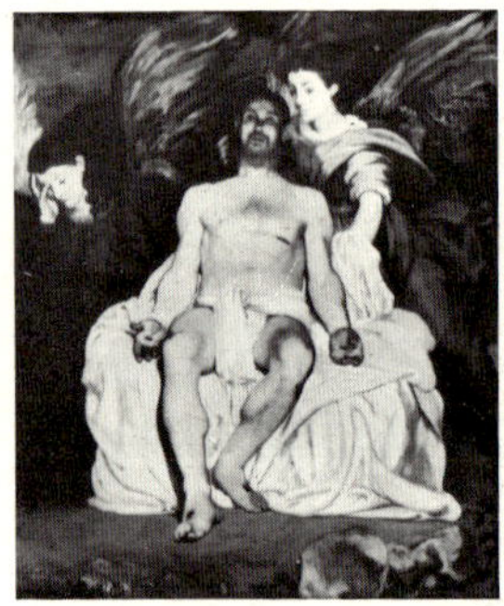
59

60A
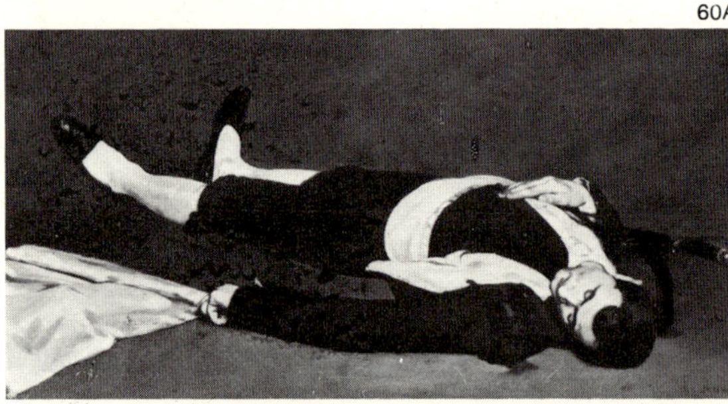

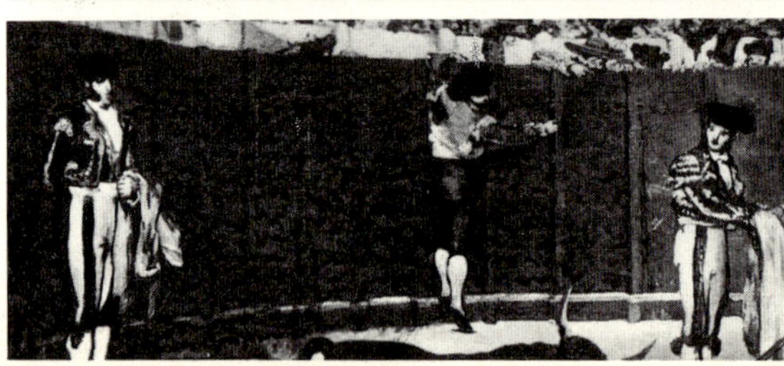
60B

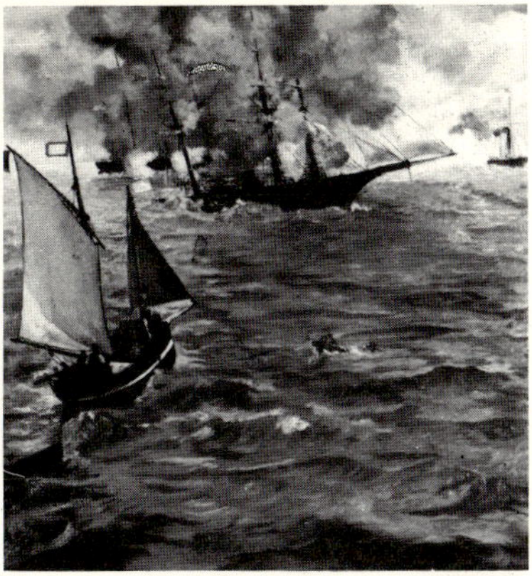

61

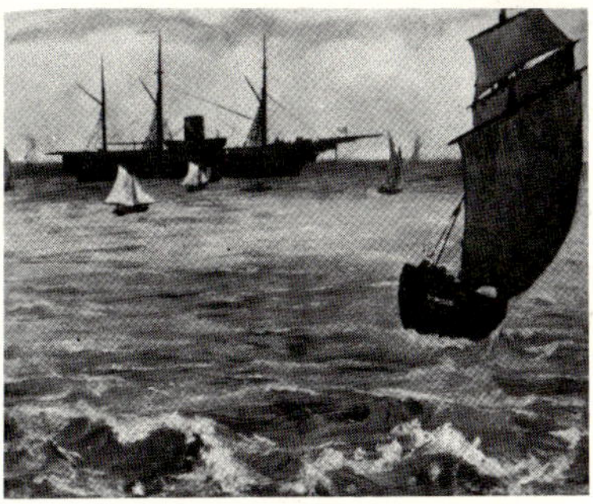

62

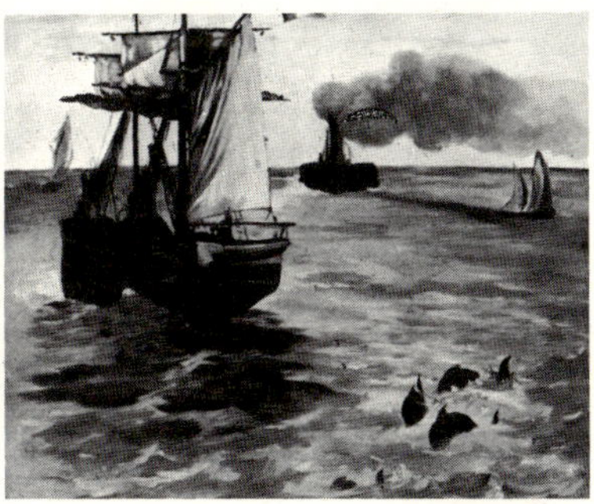

63

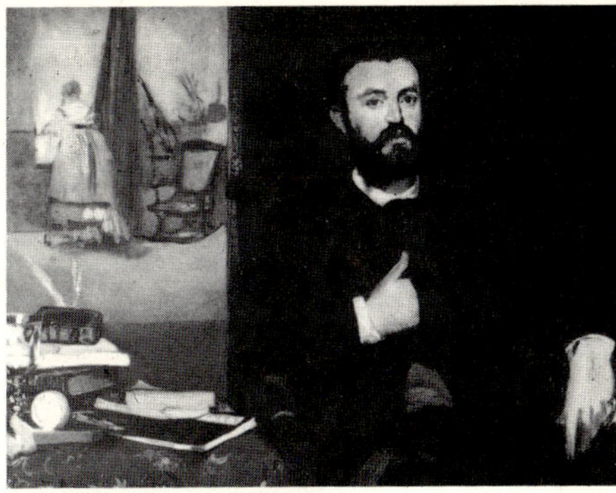

64

65

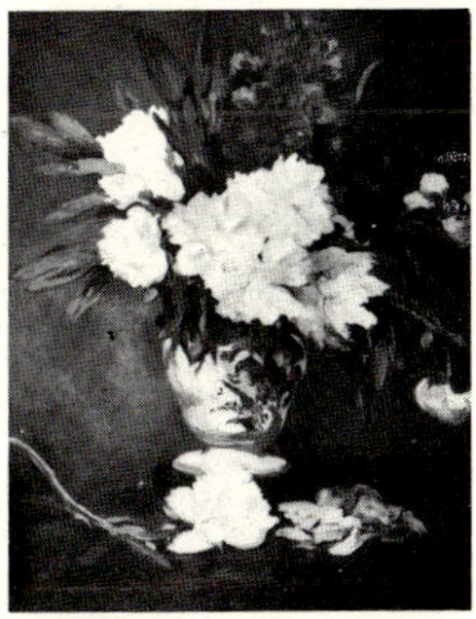

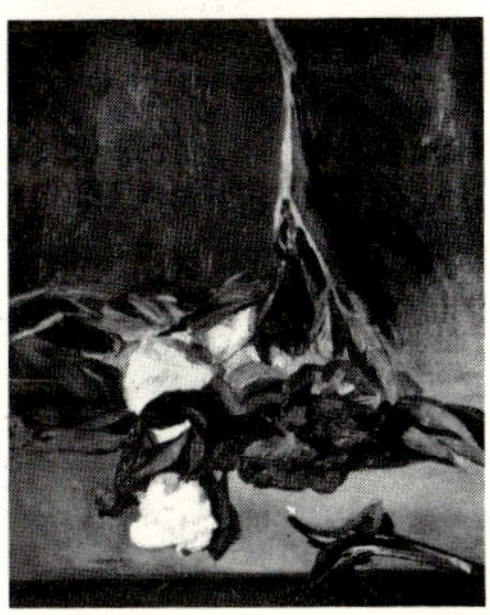

66

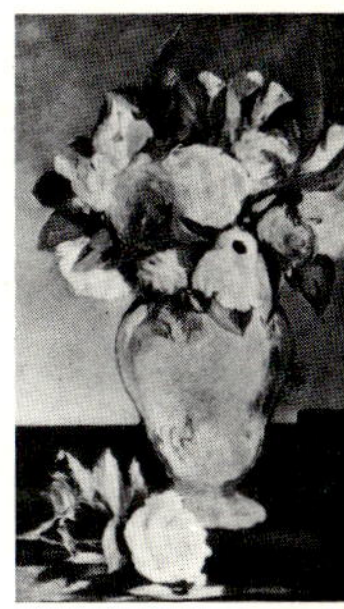

68

69

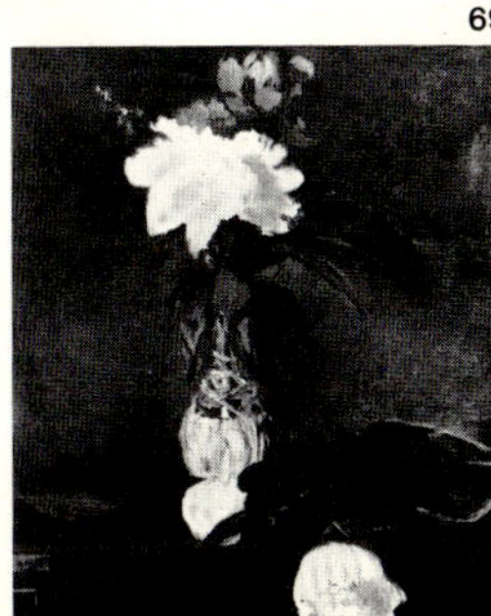

67

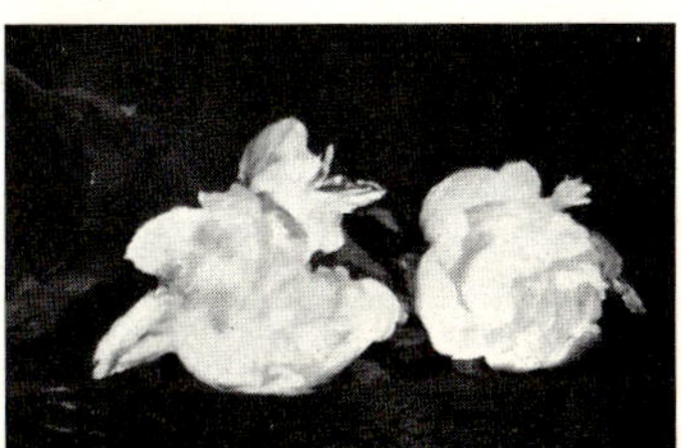

1864

66. Stilleben mit Pfingstrosenstiel und Schere. Signiert, 1864. Öl auf Leinwand. 56,8 × 46 cm. Paris, Louvre (Jeu de Paume)
67. Stilleben mit Pfingstrosenzweig und Schere. Signiert, 1864. Öl auf Leinwand. 30 × 46 cm. Paris, Louvre (Jeu de Paume)
68. Vase mit Pfingstrosen auf einem Lacktablett. 1864. Öl auf Leinwand. 59 × 34 cm. New York, Sammlung Payson
69. Pfingstrosen in einer italienischen Strohflasche. Signiert, 1864. Öl auf Leinwand. 63,5 × 53,5 cm. New York, Privatsammlung
70. Pfingstrosen. Um 1864. Öl auf Leinwand. 36 × 46 cm. Verbleib unbekannt
71. Pfingstrosen und andere Blumen und Knospen. 1864. Öl auf Leinwand. 28 × 23 cm. Ehemals Paris, Sammlung Stettiner

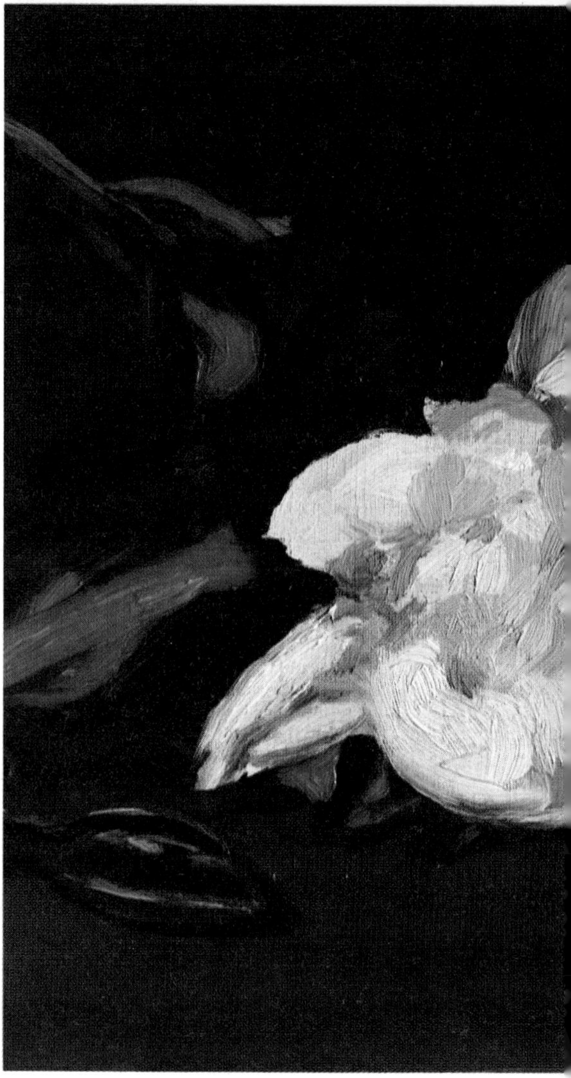

Stilleben mit Pfingstrosenzweig und Schere (vgl. Abb. 67)
Die äußerst gedämpfte, dabei intensive Farbskala betont die Frische der keineswegs abgestorbenen Blumen, die Manet sehr liebte.

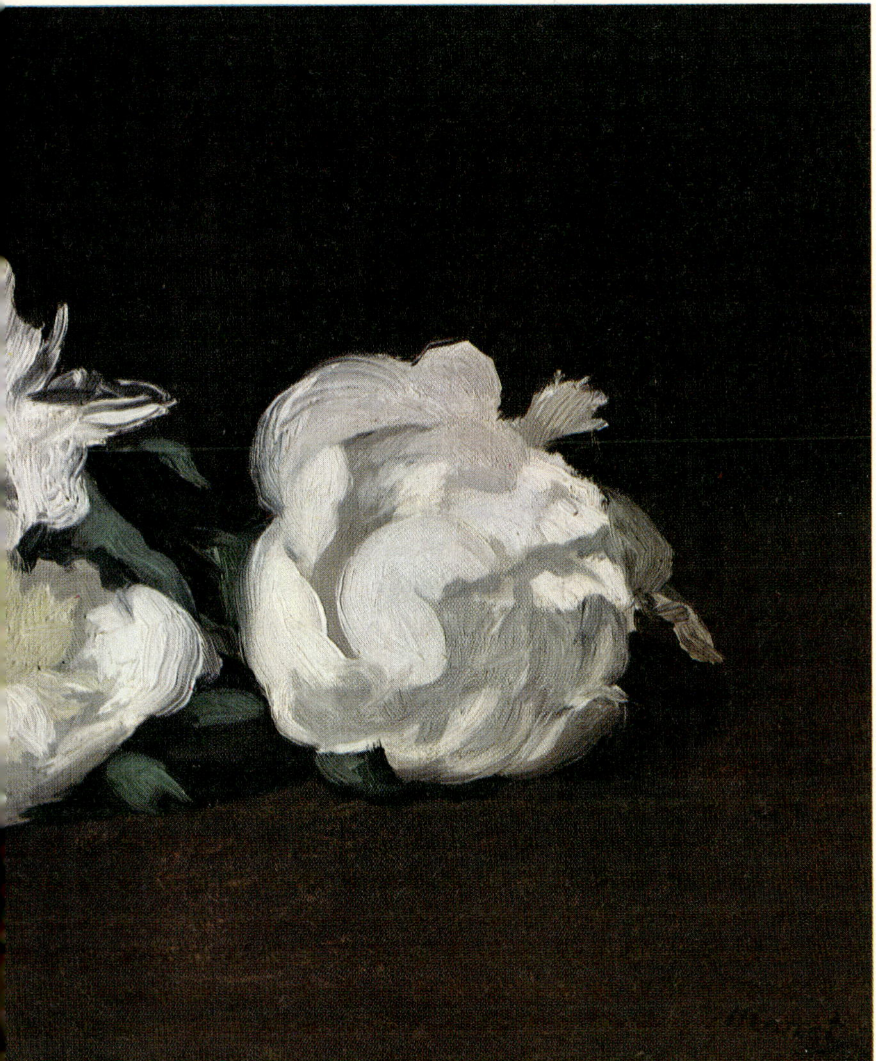

1864–1865

72. Stilleben mit Lachs, Hecht und Garnelen. Signiert, 1864. Öl auf Leinwand. 45 × 71 cm. USA, Privatsammlung

73. Stilleben mit Aal und Seebarbe. Signiert, 1864. Öl auf Leinwand. 38 × 46 cm. Paris, Louvre (Jeu de Paume)

74. Stilleben mit Fischen und Austern. Signiert, 1864. Öl auf Leinwand. 73,5 × 92 cm. Chicago, Art Institute (Sammlung Anne Swann Coburn). Signatur zweifelhaft

75. Obst auf einer Tafel. Signiert, 1864. Öl auf Leinwand. 45 × 73,5 cm. Paris, Louvre (Jeu de Paume)

76. Obstkorb. Signiert, um 1864. Öl auf Leinwand. 37 × 44 cm. Boston, Museum of Fine Arts (Sammlung John T. Spaulding)

77. Stilleben mit Feigen und Weintraube. Signiert, 1864. Öl auf Leinwand. 21 × 26 cm. USA, Sammlung Mrs. F. J. Gould

78. Stilleben mit Mandeln, Johannisbeeren und Pfirsich. Signiert, 1864. Öl auf Leinwand. 17 × 22 cm. USA, Privatsammlung. Signatur zweifelhaft

79. Stilleben mit zwei Birnen. 1864. Öl auf Leinwand. 28 × 32 cm. Paris, Privatsammlung

80. Stilleben mit zwei Äpfeln. Signiert, 1864. Öl auf Leinwand. 13,5 × 16 cm. Dijon, Musée Magnin

81 a. Pferderennen in Longchamp. Signiert und datiert um 1865. Öl auf Leinwand. 43,5 × 84,5 cm. Chicago, Art Institute (Sammlung Potter Palmer). Die vierte Ziffer der Datierung ist unlesbar

81 b. Pferderennen in Longchamp. Signiert und datiert 1864. Öl auf Leinwand. 41 × 31 cm. Cincinnati, Art Museum

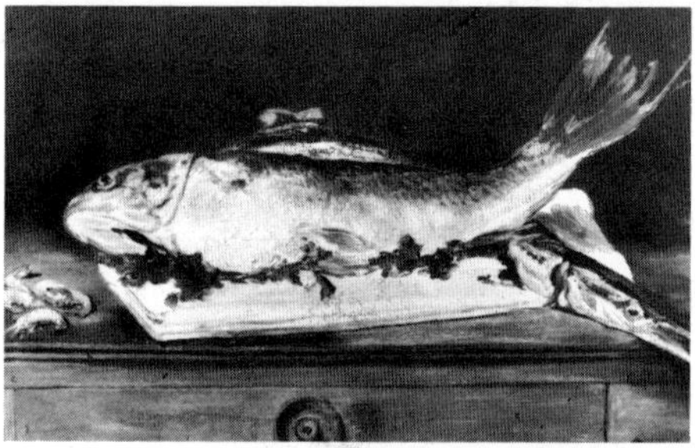
72

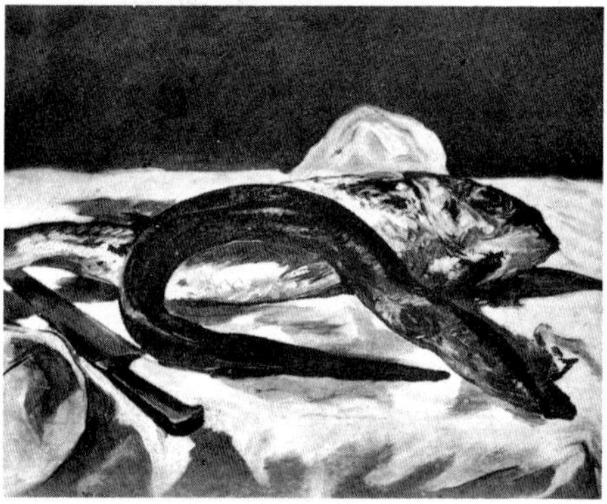
73

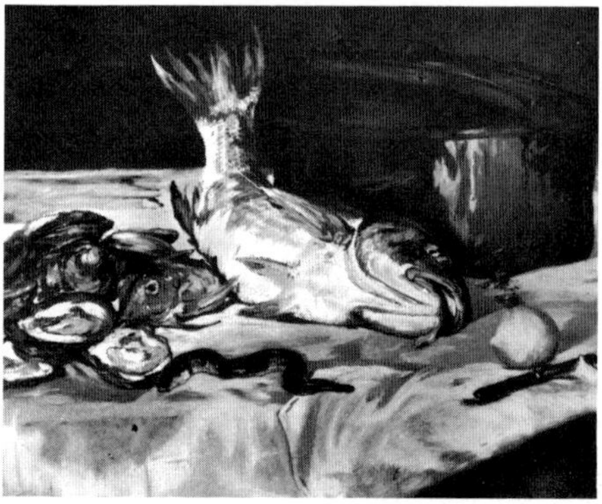
74

75
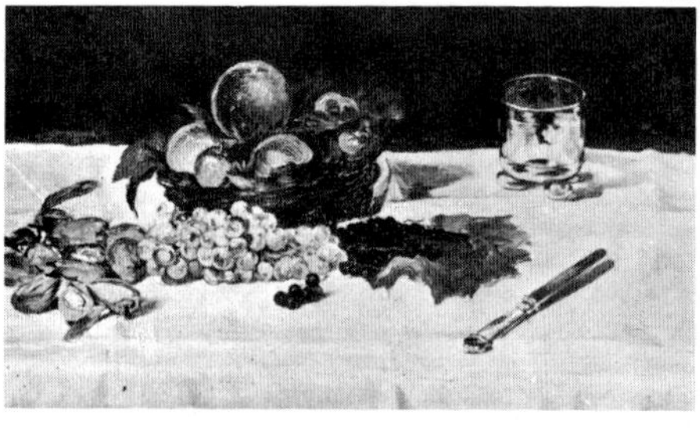

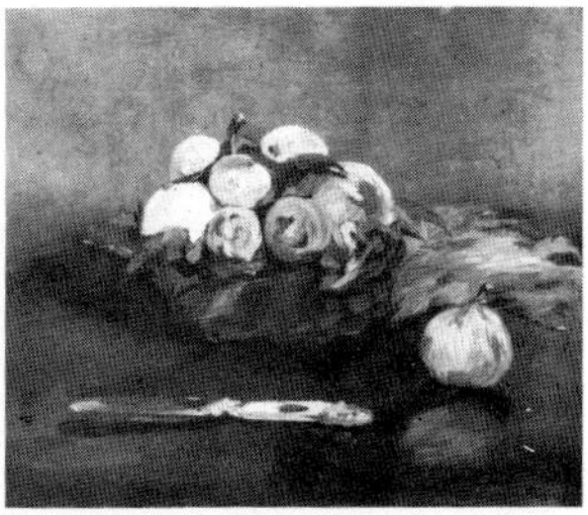
76

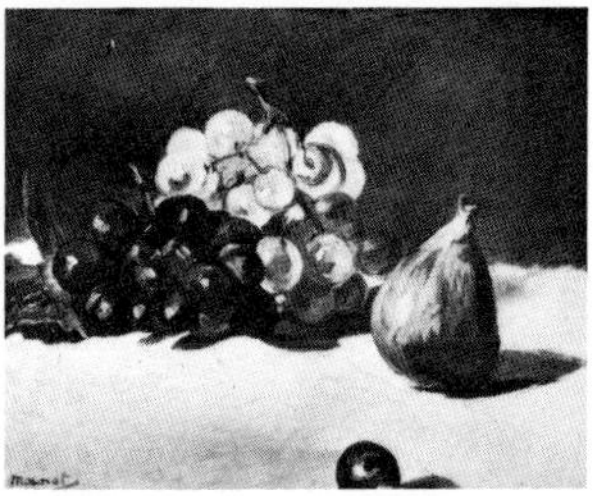
77

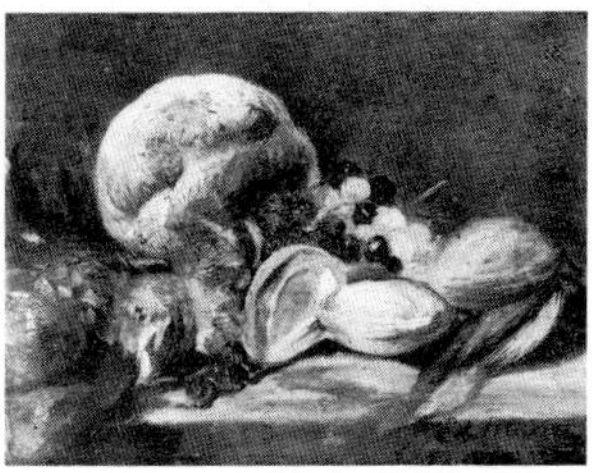
78

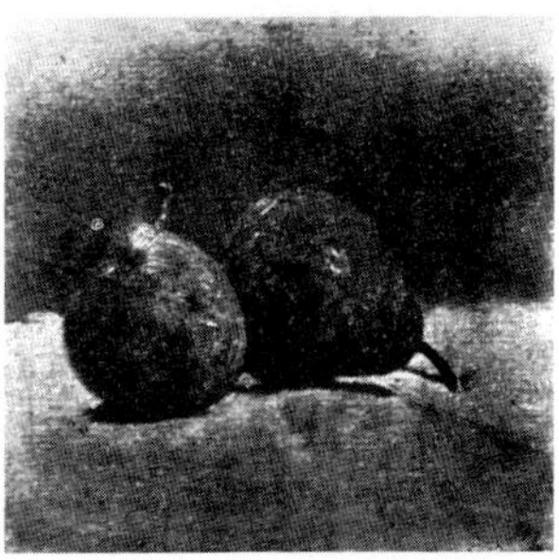
79

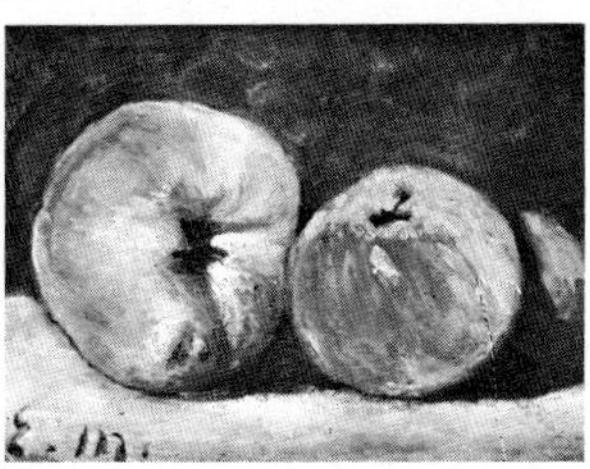
80

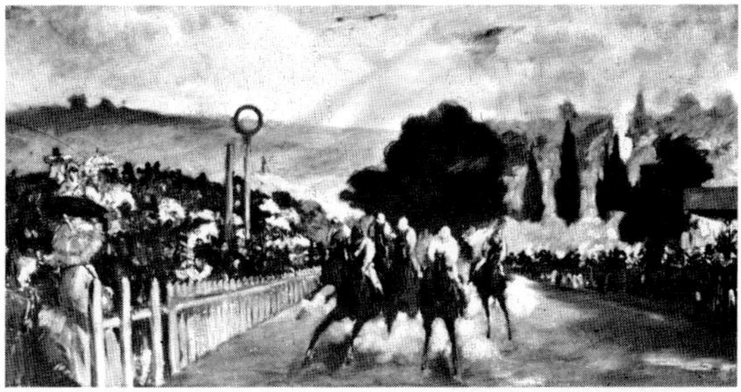
81a

81b
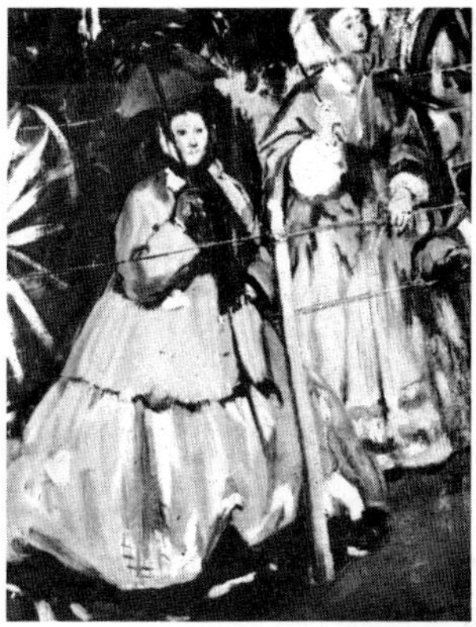

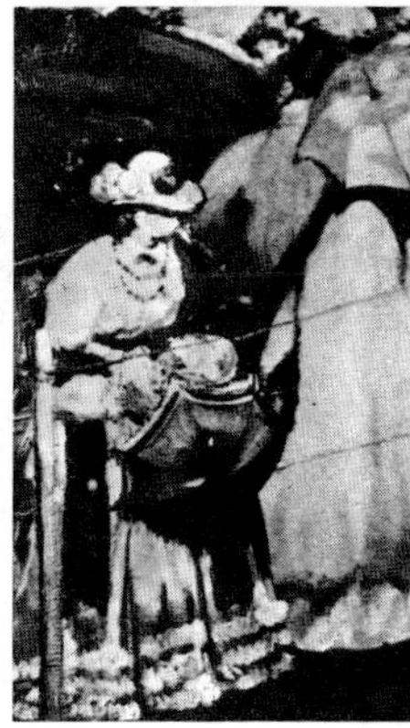
81c

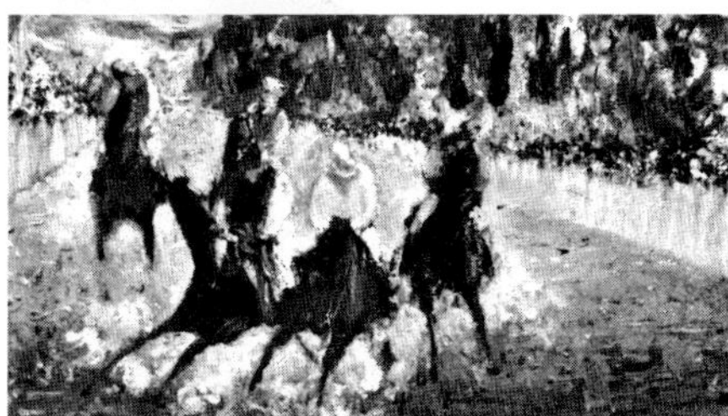
81d

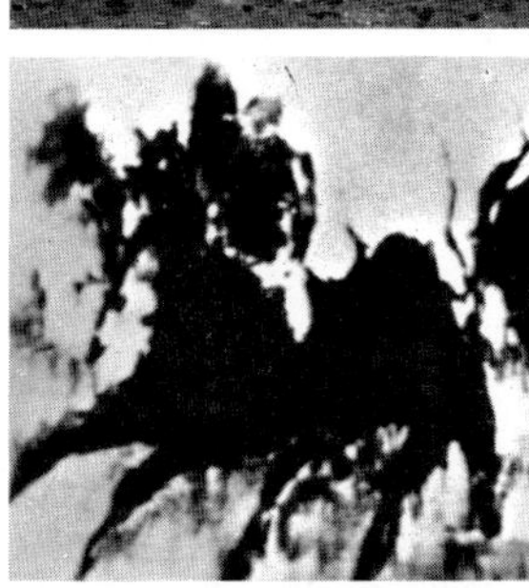
81e

1864–1865

81 c. Pferderennen in Longchamp. Datiert, 1865. Öl auf Leinwand. 38 × 23,5 cm. Frankreich, Privatsammlung. Wahrscheinlich Ende 1864 gemalt

81 d. Pferderennen in Longchamp. Signiert, 1864/65. Öl auf Leinwand. 12,5 × 21,5 cm. Washington, National Gallery (Sammlung Widener)

81 e. Pferderennen in Longchamp. Signiert, 1864/65. Öl auf Leinwand. 32 × 41 cm. USA, Privatsammlung

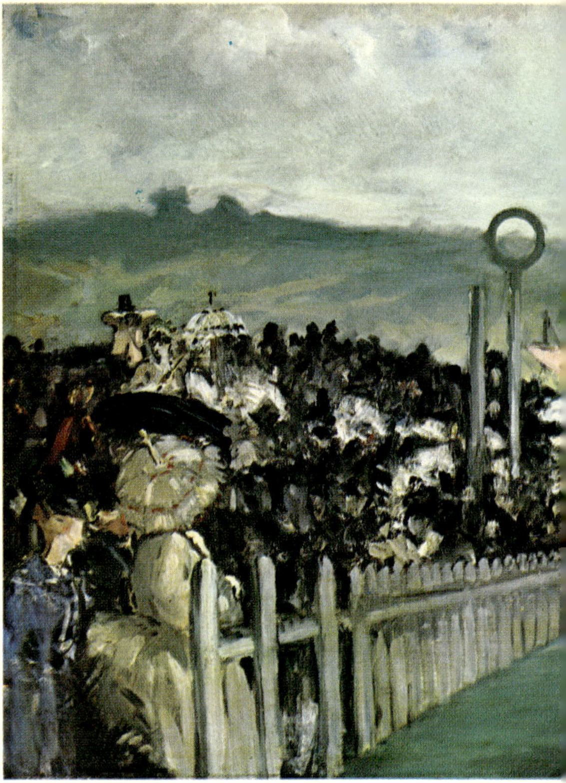

Pferderennen in Longchamp (vgl. Abb. 81 a)
Es gibt verschiedene Versionen zu diesem Thema, in Öl oder Aquarell (vergleiche auch das sich in Cambridge, Fogg Art Museum, befindende). Besonders auffallend ist die sich entladende Dynamik der Pferde in der mit kurzen Pinselstrichen dargestellten Landschaft. Manet bevorzugte allgemein allerdings statische Bilder. Die Datierung ist umstritten; der Werkkatalog von Jamot-Wildenstein-Bataille führt es unter dem Jahre 1872 auf; der Katalog Rouart-Wildenstein bereits im Jahre 1865.

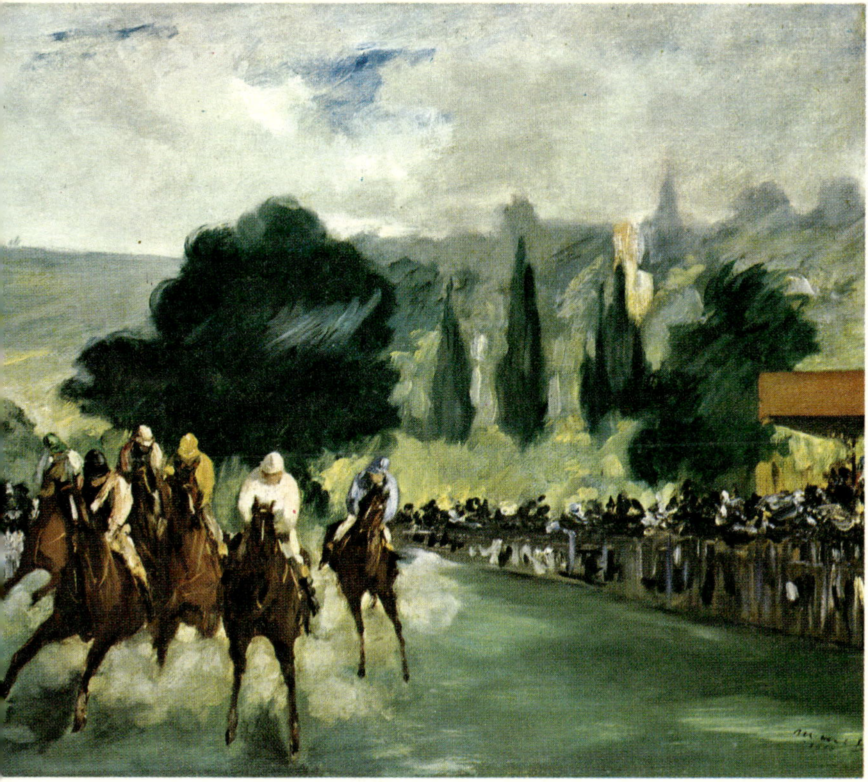

1864–1865

82. Boote auf dem Meer (Die Hafeneinfahrt von Boulogne-sur-mer). Signiert, 1864/65. Öl auf Leinwand. 72 × 93 cm. Chicago, Art Institute (Sammlung Potter Palmer)
83 a. Christus wird von den Soldaten verhöhnt. Signiert und datiert 1865. Öl auf Leinwand. 191 × 147,5 cm. Chicago, Art Institute (Sammlung J. Deering)
83 b. Christus wird von den Soldaten verhöhnt. 1865. Öl auf Leinwand. 46 × 38 cm. San Francisco, M. H. de Young Memorial Museum. Fragment einer ersten, vollständigen Version; Brustbild Christi
84. Der Schauspieler Philibert Rouvière als Hamlet. Signiert, 1865. Öl auf Leinwand. 185 × 110 cm. Washington, National Gallery (Sammlung E. Stuyvesant Gerry)
85. Betender Mönch. Signiert, 1865. Öl auf Leinwand. 146 × 114 cm. Boston, Museum of Fine Arts

Frau in Rosa mit Papagei (vgl. Abb. 98)
Das im Salon von 1869 ausgestellte Bild von Victorine wurde von einigen Kritikern, darunter Th. Gautier und Mantz, hart beurteilt. Zola allerdings bewunderte es in Manets Atelier aufgrund der eleganten Komposition. Castagnary und Thoré-Bürger sprechen von der im Bild spürbaren Luft und von den chromatischen Abstufungen vom rosa Kleid zum grauen Papagei und den gelb flimmernden Zitronen zu Füßen des Gestells.

82
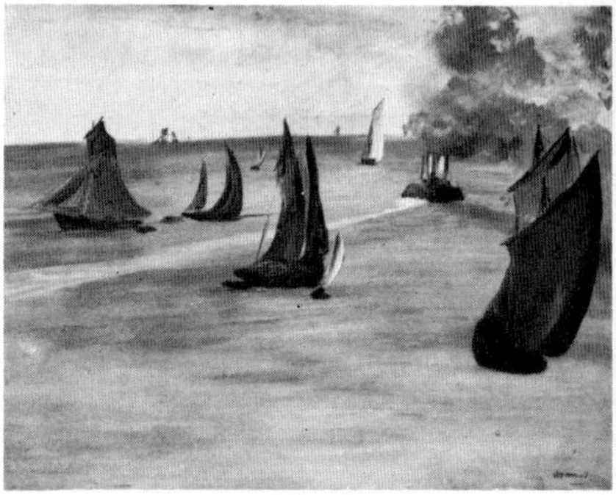

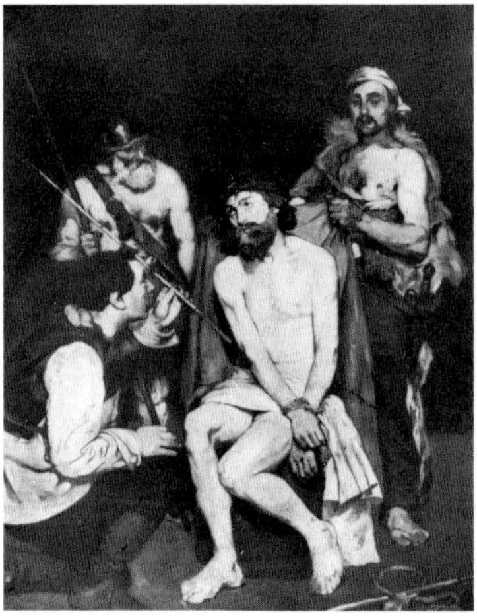
83a

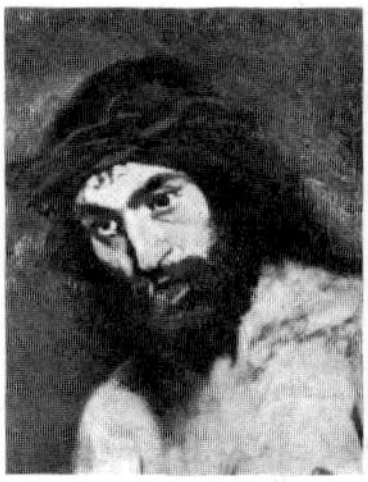
83b

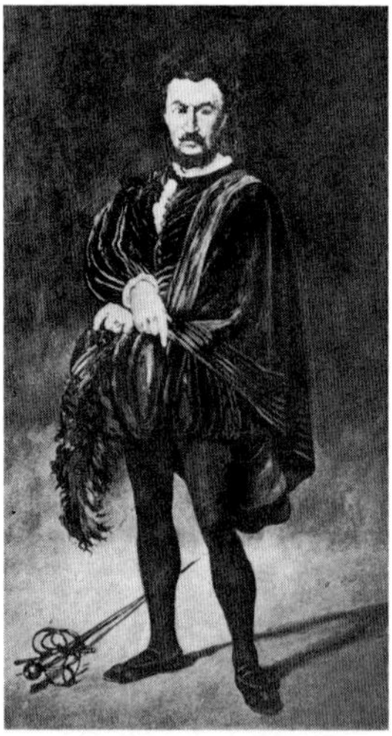
84

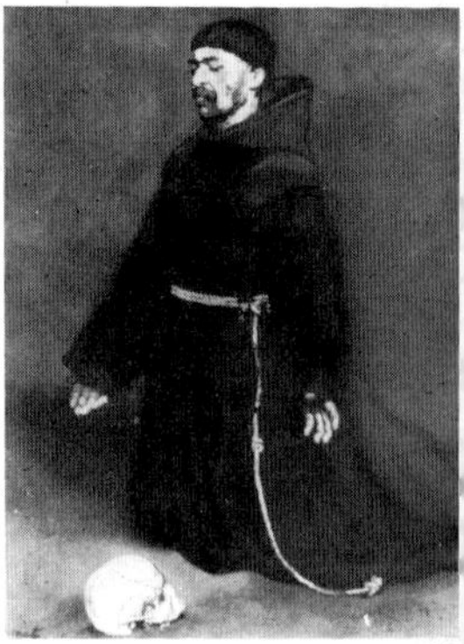
85

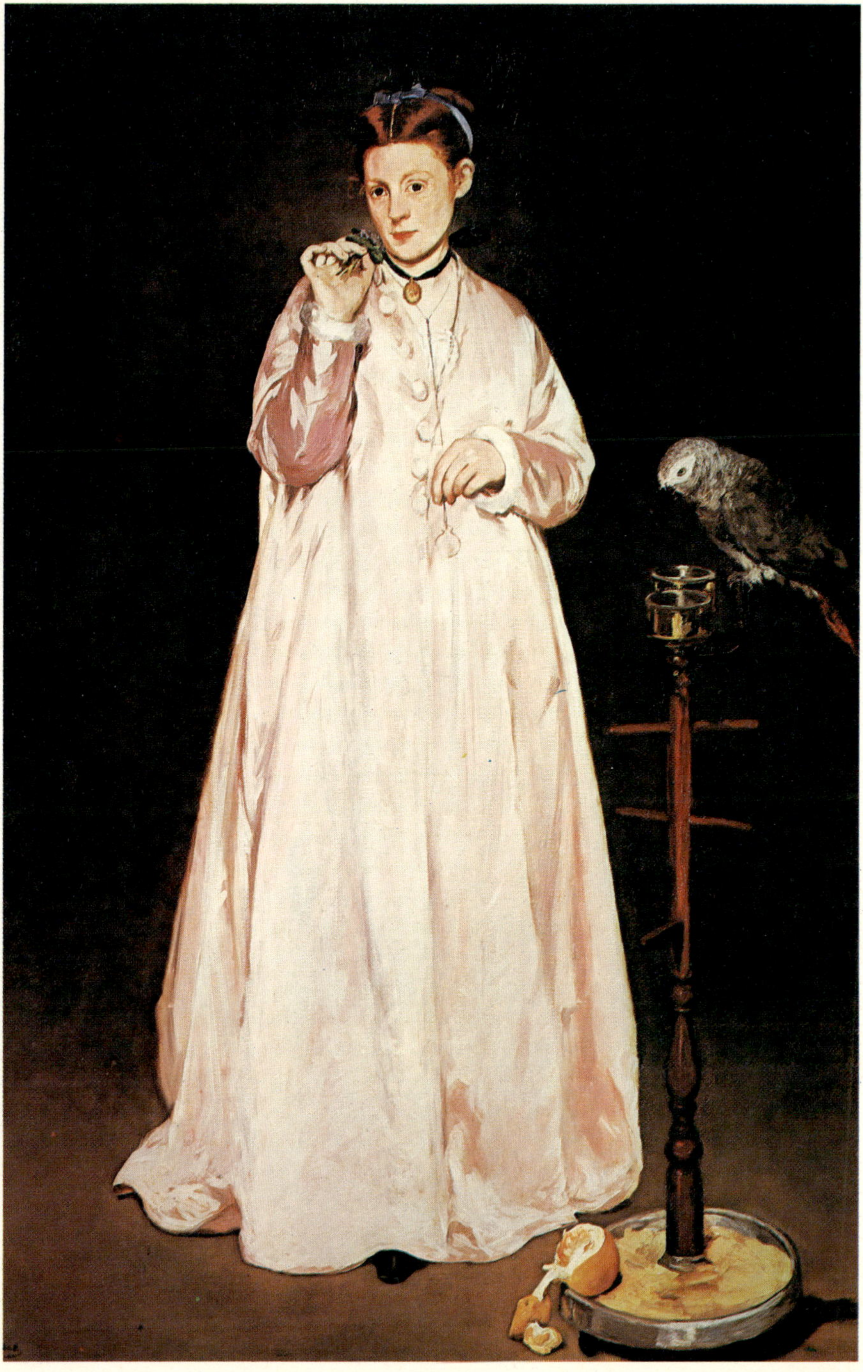

1865

86. Seestück bei Boulogne-sur-mer. Um 1865. Öl auf Leinwand. 21×26 cm. New York, Sammlung Mr. und Mrs. Arnold Askin
87. Der Buffo Pablo de Valladolid. 1865. Öl auf Leinwand. 64×37 cm. Naugatuck (USA), Sammlung H. Whittemore. Kopie nach Velasquez
88. Frau am Fenster (Angelina). Signiert, 1865. Öl auf Leinwand. 92×72 cm. Paris, Louvre (Jeu de Paume)
89. Spanierin mit schwarzem Kreuz. Um 1865. Öl auf Leinwand. 61×50 cm. St. Jean Cap Ferrat, Sammlung Emily Reeve
90. Mann im Mantel (Der Philosoph). Signiert, 1865. Öl auf Leinwand. 187×108 cm. Chicago, Art Institute
91. Bettler mit Kappe (Der Philosoph). Signiert, 1865. Öl auf Leinwand. 188,5×109,3 cm. Chicago, Art Institute
92. Lumpensammler (Bettler, Der Philosoph). Signiert, 1865. Öl auf Leinwand. 195×130 cm. Los Angeles, Sammlung Norton Simon

Der Pfeifer (vgl. Abb. 100) Ein weiteres, zu Recht bewundertes Werk. Die Identität des Modells ist nicht gesichert: einige halten es für einen kleinen Militärpfeifer, andere wegen des Gesichtsausdruckes und der Hände für die Meurent, wieder andere glauben, es handele sich um Léon Koëlla, der von vielen Biographen für Edouards und Suzannes Sohn gehalten wird. Neben dem Einfluß von Velasquez ist der der japanischen Malerei deutlich spürbar, vor allem in der formalen Synthese. Im Salon von 1866 wurde »Der Pfeifer« zurückgewiesen.

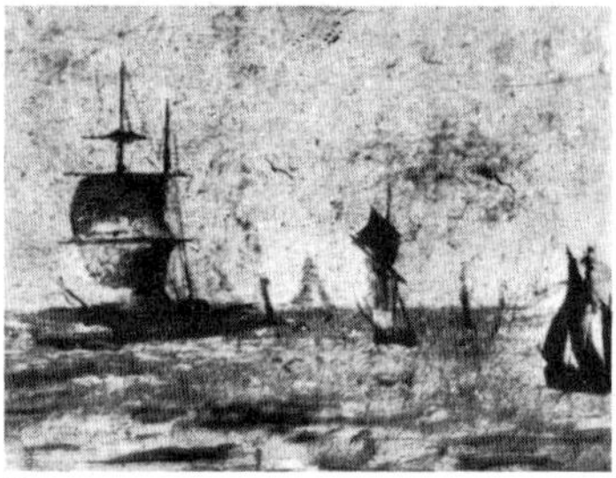
86

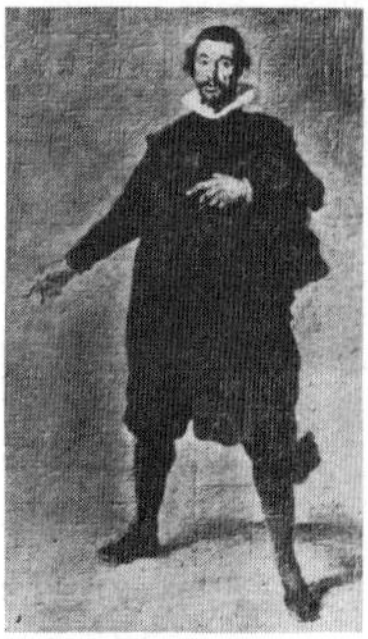
87

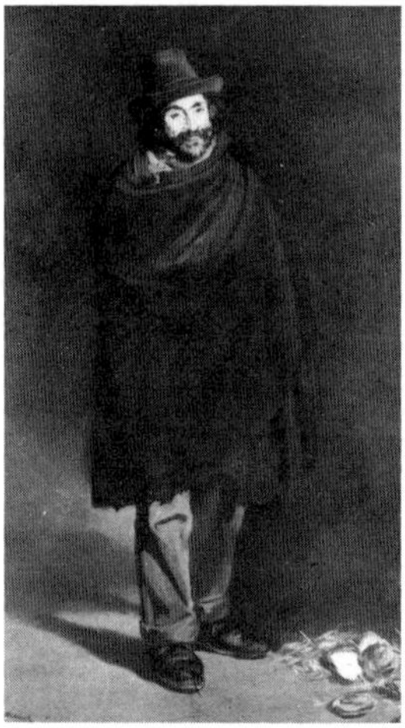
90

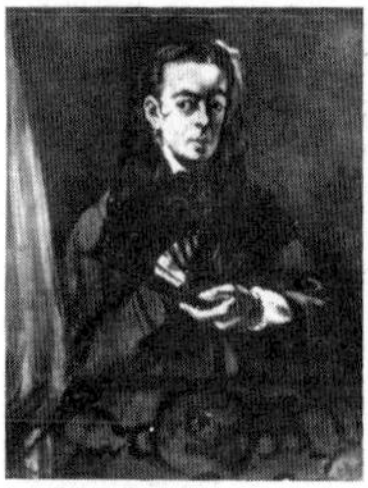
88

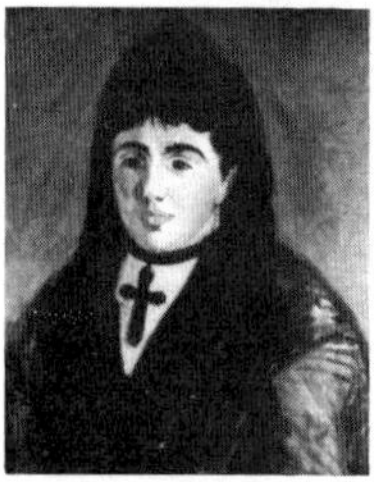
89

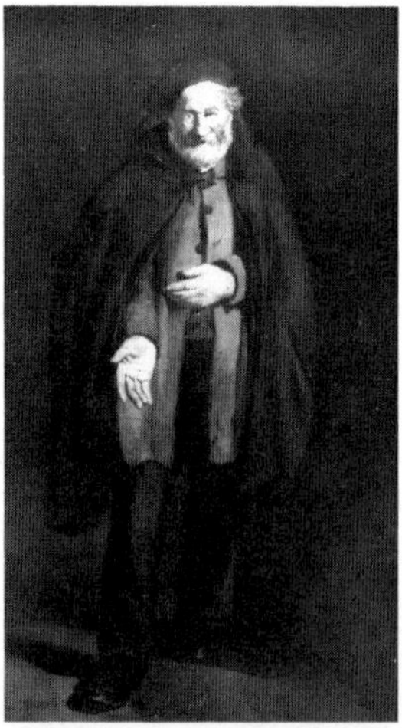
91

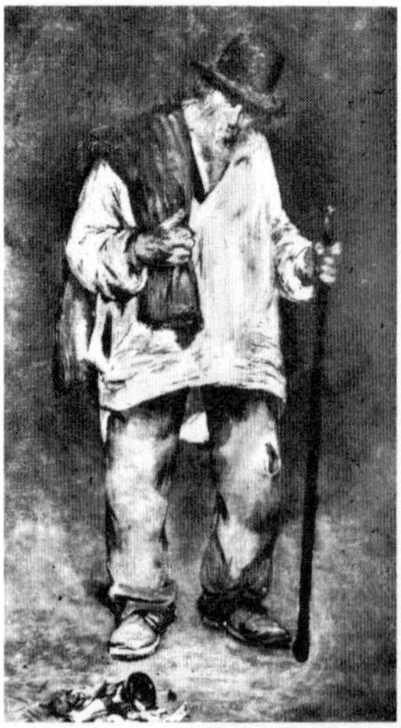
92

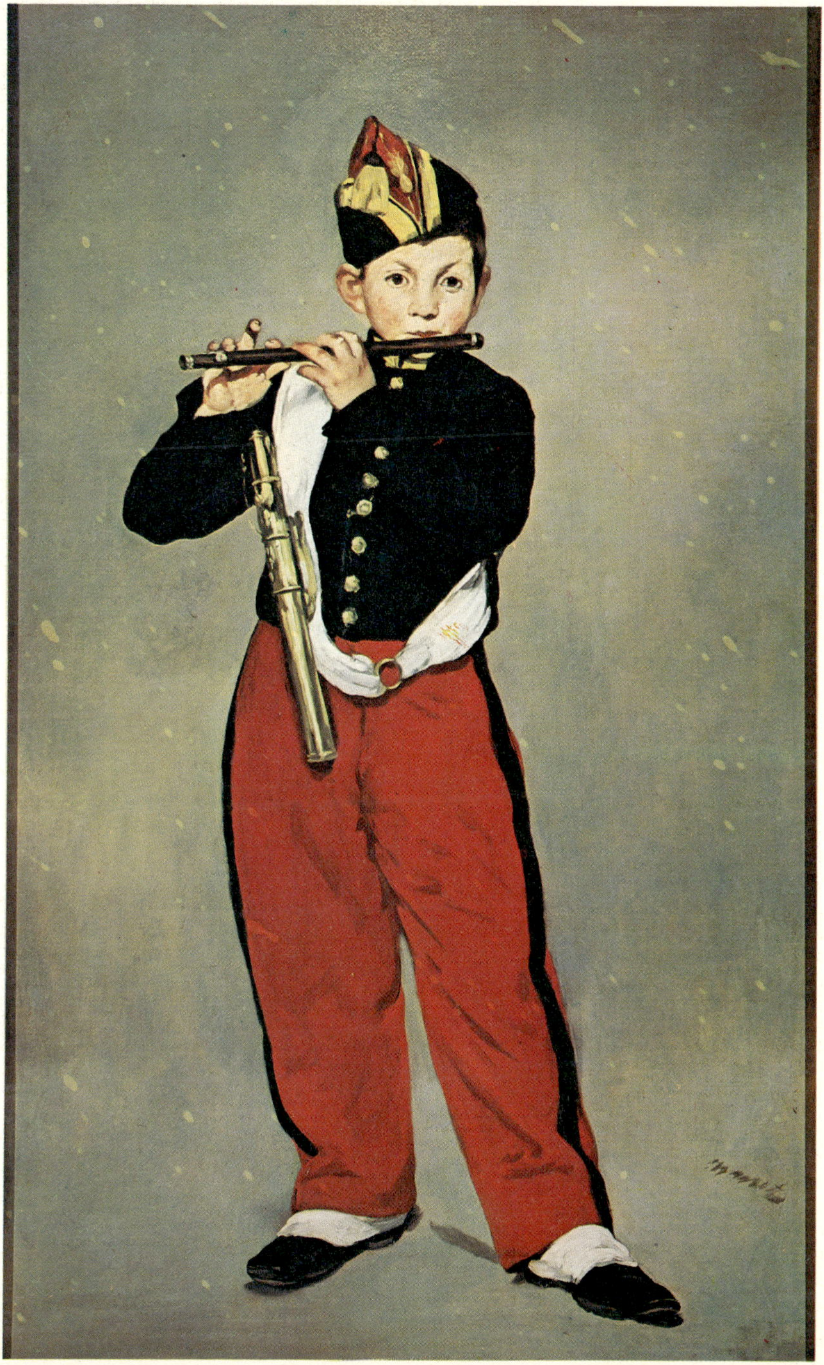

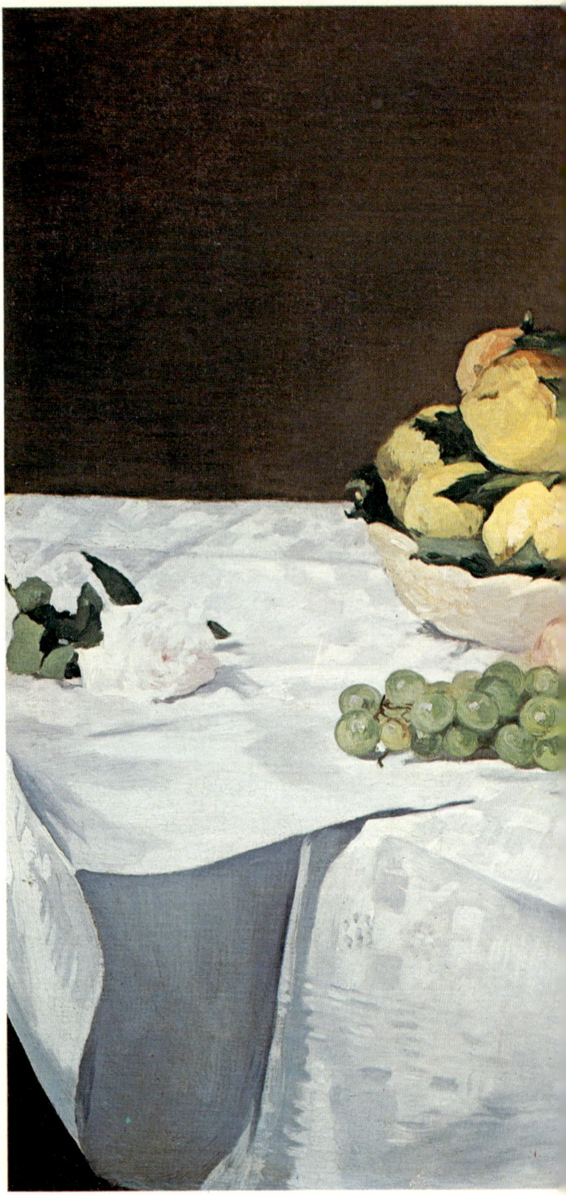

Obst und Melone auf einer Anrichte (vgl. Abb. 106)
Dieses Stilleben, das die kompositorische Fähigkeit und die fein nuancierte Malweise des Künstlers spiegelt, hat der Wissenschaft bemerkenswerte Datierungsprobleme gestellt. Laut Meier-Graefe ist es auf 1870 zu datieren.

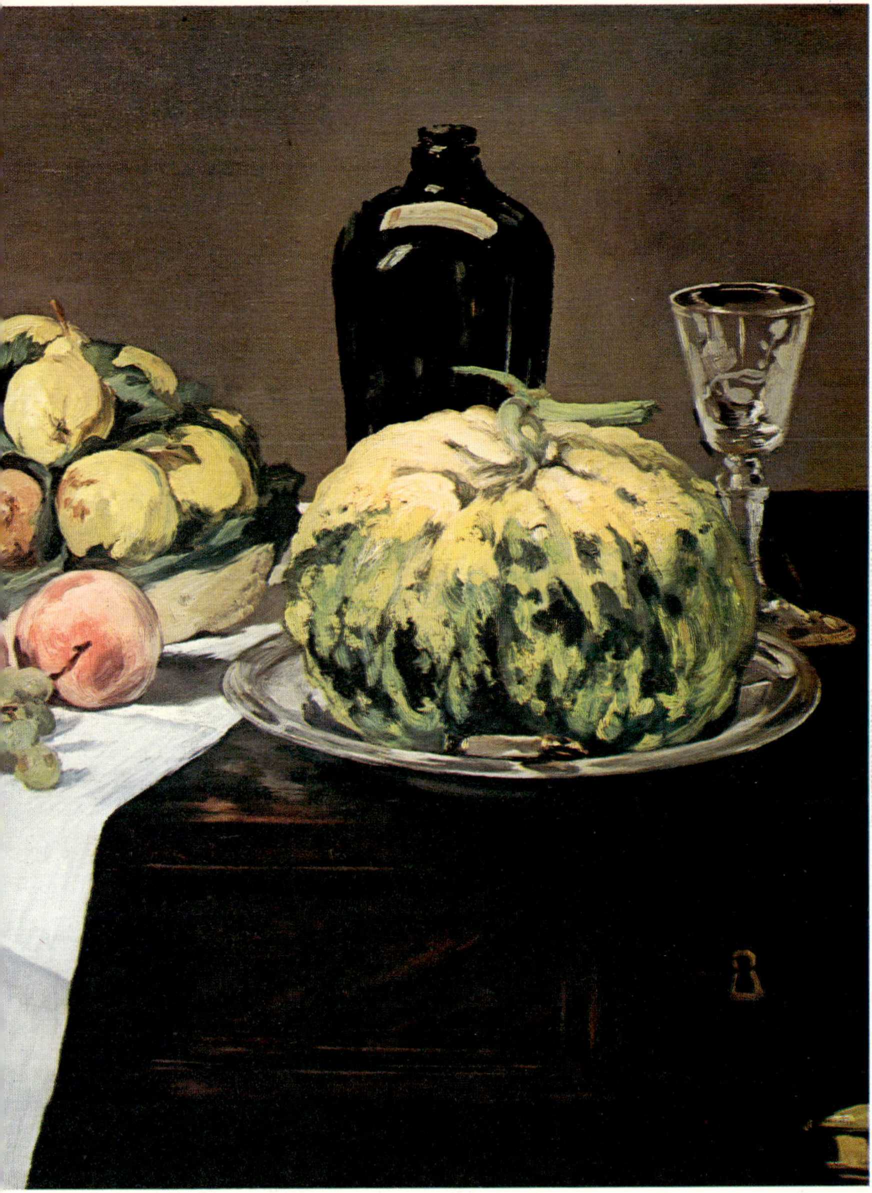

1865–1866

93. Lesende. Signiert, 1865/66. Öl auf Leinwand. 64×80 cm. New York, Sammlung Mr. und Mrs. Charles Allen. Signiert in der Reproduktion des Toten Toreros auf der Wand

94. Stierkampf (Tötung des Stiers). Signiert, 1865/66. Öl auf Leinwand. 48×60,5 cm. Chicago, Art Institute (Sammlung M. A. Ryerson)

95. Stierkampf (Die Picadores). Signiert, um 1866. Öl auf Leinwand. 67×78 cm. Ehemals Tokio, Sammlung Matsukata

96. Stierkampf. Signiert, um 1866. Öl auf Leinwand. 90×110 cm. Paris, Privatsammlung

97. Grüßender Torero. Signiert, um 1866. Öl auf Leinwand. 171×113 cm. New York, Metropolitan Museum (Slg. H. O. Havemeyer)

98. Frau in Rosa mit Papagei. Signiert, 1866. Öl auf Leinwand. 185×132 cm. New York, Metropolitan Museum (Sammlung E. Davis)

99. Musikantin mit Guitarre (Victorine Meurent). Signiert, 1866. Öl auf Leinwand. 63,5×80 cm. Farmington (Connecticut), Hill-Staed Museum

100. Der Pfeiffer. Signiert, 1866. Öl auf Leinwand. 160×97 cm. Paris, Louvre (Jeu de Paume)

101. Raucher. Signiert, 1866. Öl auf Leinwand. 100×80 cm. Minneapolis, Institute of Art

102. Die Frau des Künstlers, von vorn. Signiert, 1866. Öl auf Leinwand. 65×50 cm. Los Angeles, Sammlung Norton Simon

103. Die Frau des Künstlers, im Profil. 1866. Öl auf Leinwand. 100×76 cm. New York, Metropolitan Museum (Sammlung A. Milton de Croot)

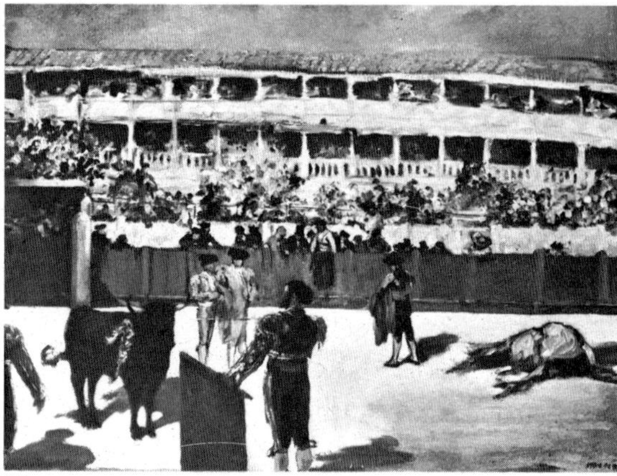

94

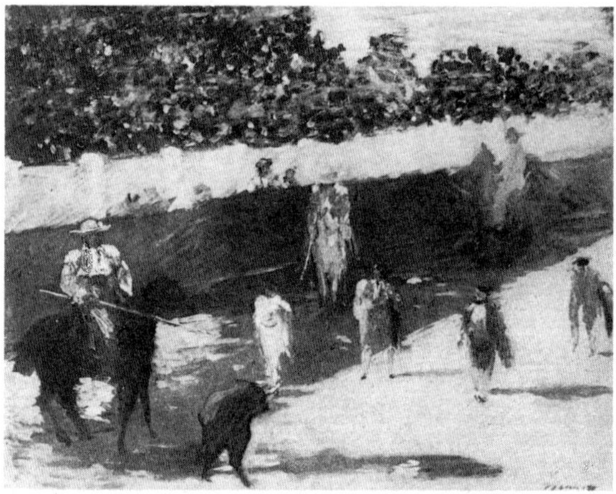

95

96

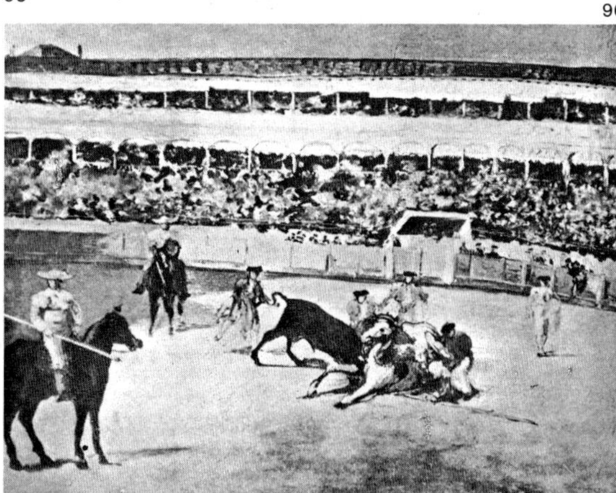

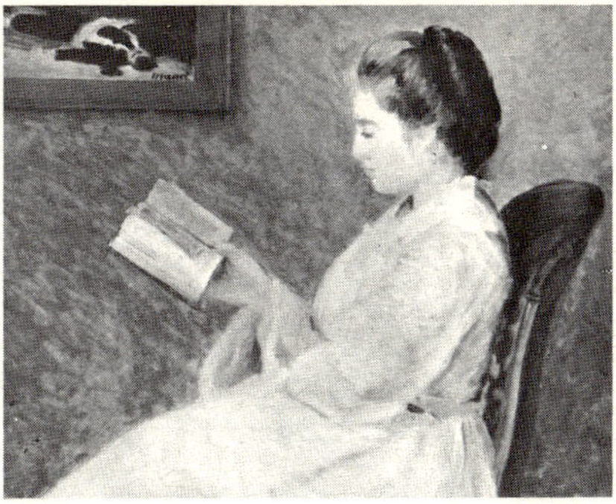
93

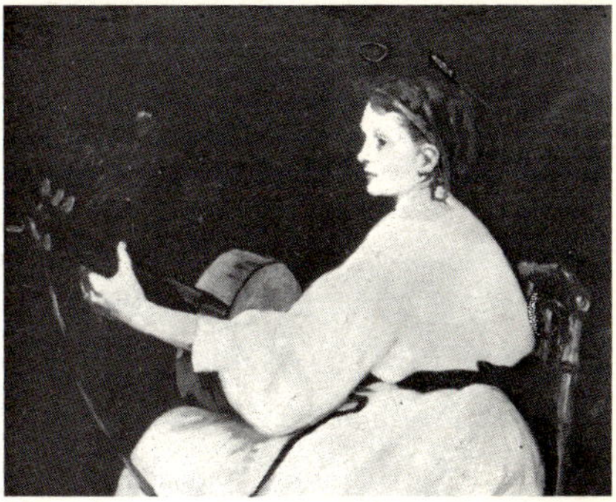
99

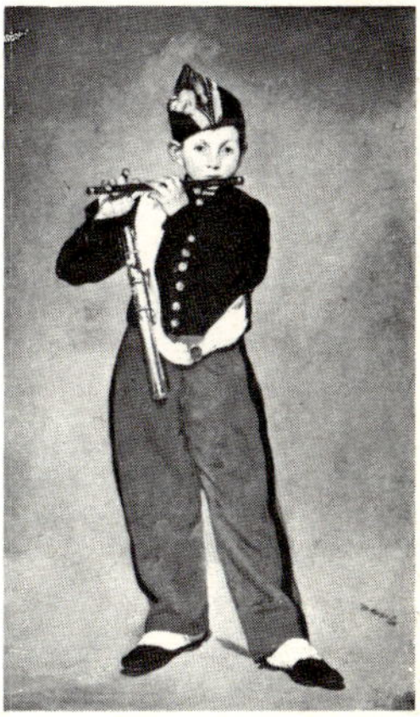
100

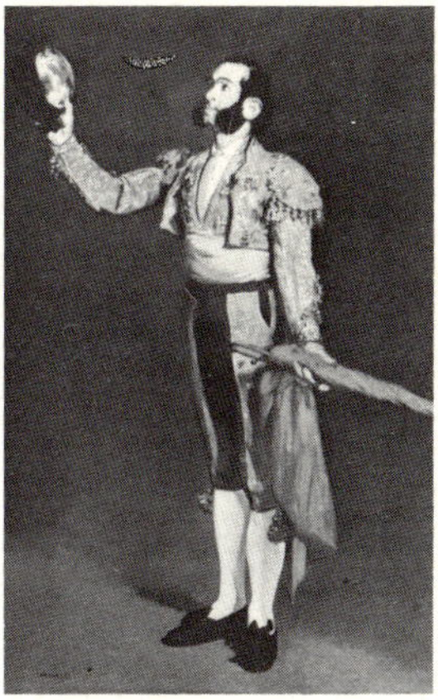
97

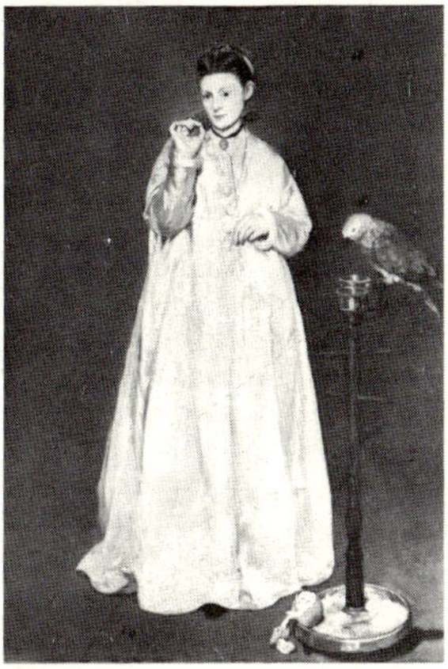
98

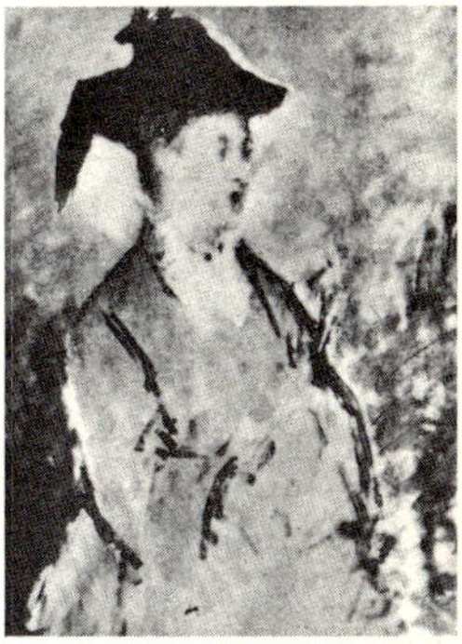
103

101
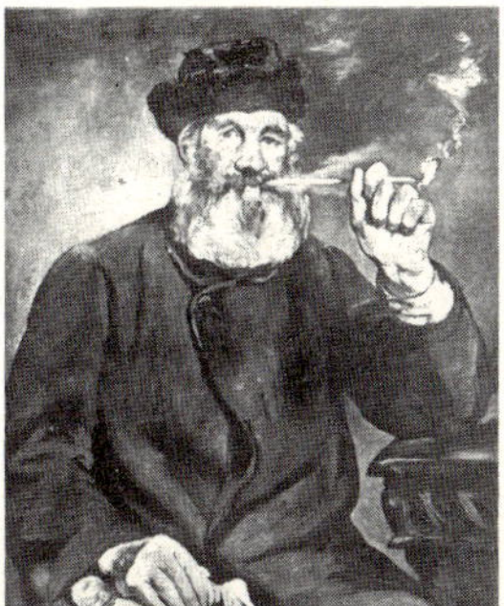

102
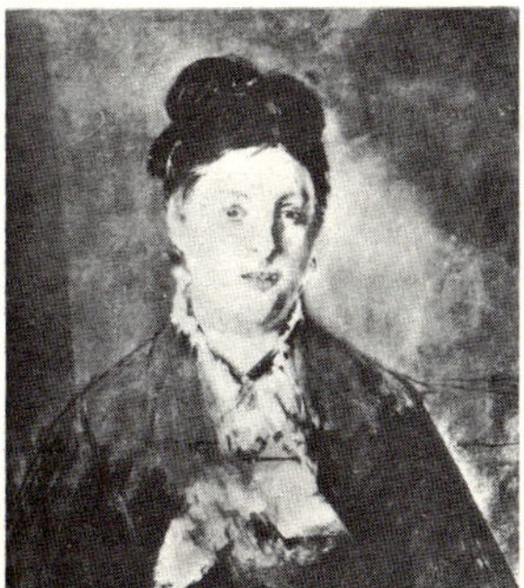

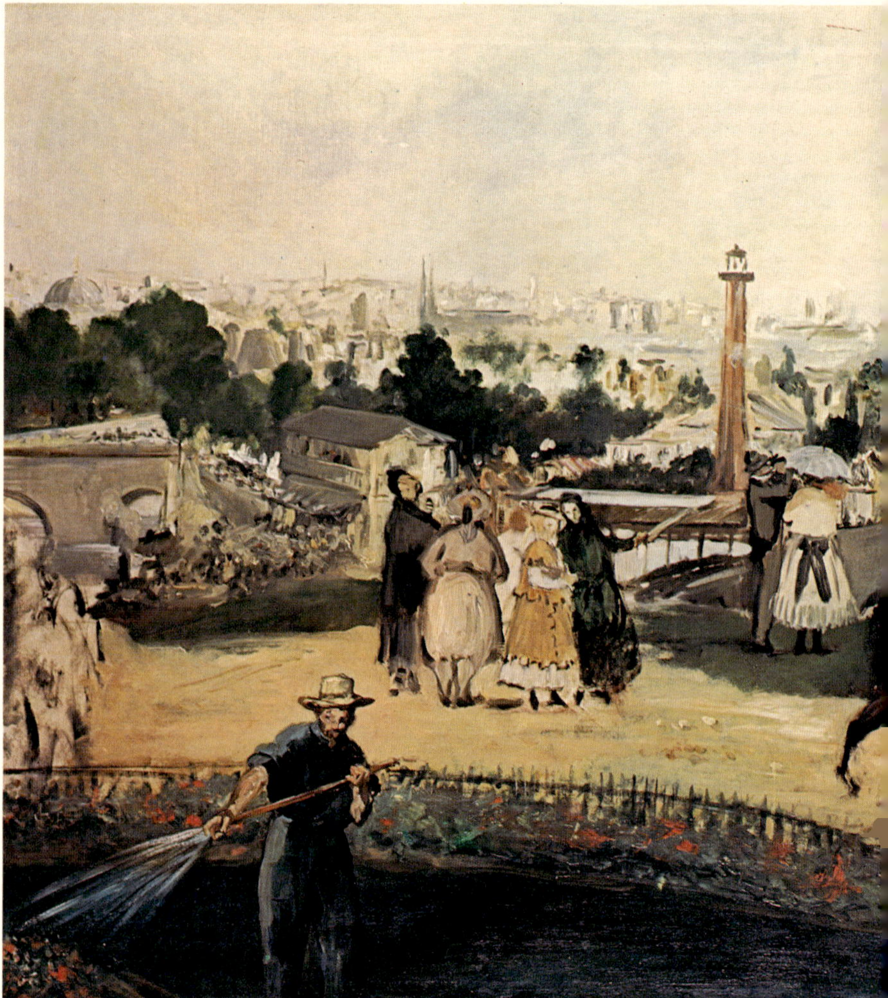

Pariser Weltausstellung 1867 (vgl. Abb. 110)
Der Blick von Trocadero über die Stadt begeisterte die Morisot; Manet faßte die verschiedenen charakteristischen Elemente zusammen: die Ausdehnung der Stadt, das Ausstellungsgebäude, den Fesselballon des Fotografen Nadar. Die Farben kontrastieren glänzend gegeneinander. Rechts sieht man den spontan gezeichneten Léon Koëlla, der einen Hund an der Leine führt.

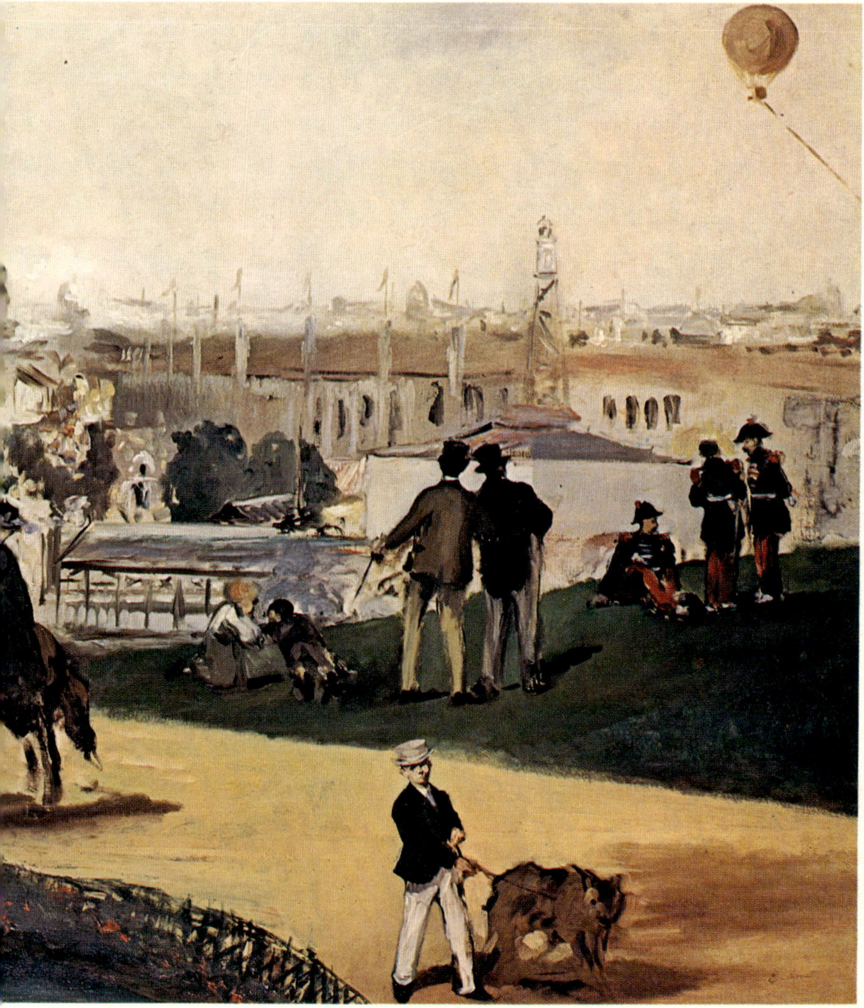

1866–1867

104. Stilleben mit Kaninchen. Signiert, 1866. Öl auf Leinwand. 62×48 cm. Paris, Privatsammlung
105. Stilleben mit Lachs. Signiert, um 1866. Öl auf Leinwand. 73,5×94 cm. Shelburne (Vermont), Shelburne Museum (Sammlung E. Havemeyer Webb)
106. Obst und Melone auf einer Anrichte. Signiert, 1866. Öl auf Leinwand. 69×92 cm. Washington, National Gallery (Sammlung Eugène Meyer)
107. Disteln. Um 1866. Öl auf Leinwand. 65×54 cm. Ehemals Berlin-Luzern, Sammlung Tannhauser
108. Nüsse in einer Salatschüssel. Signiert, 1866. Öl auf Leinwand. 26×45 cm. Zürich, Sammlung Bührle
109. Malteser Hund. Signiert, um 1866. Öl auf Leinwand. 47×37 cm. Washington, National Gallery
110. Pariser Weltausstellung, 1867. 1867. Öl auf Leinwand, 108×196 cm. Oslo, Nasjonalgalleriet
111 a. Die Erschießung Kaiser Maximilians. Signiert und datiert 1867. Öl auf Leinwand. 252×305 cm. Mannheim, Kunsthalle. Signiert am Tage der Erschießung: »Manet, 19 juin 1867«; vermutlich aber im September
111 b. Die Erschießung Kaiser Maximilians. 1867. Öl auf Leinwand. 195×259 cm. Boston, Museum of Fine Arts (Sammlung Macomber)
111 c. Die Erschießung Kaiser Maximilians. Signiert und datiert 1867. Öl auf Leinwand. 50×61 cm. Kopenhagen, Ny Carlsberg Glyptothek

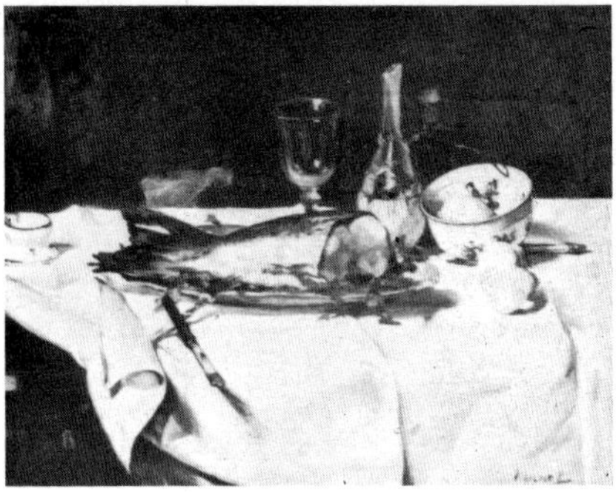

105

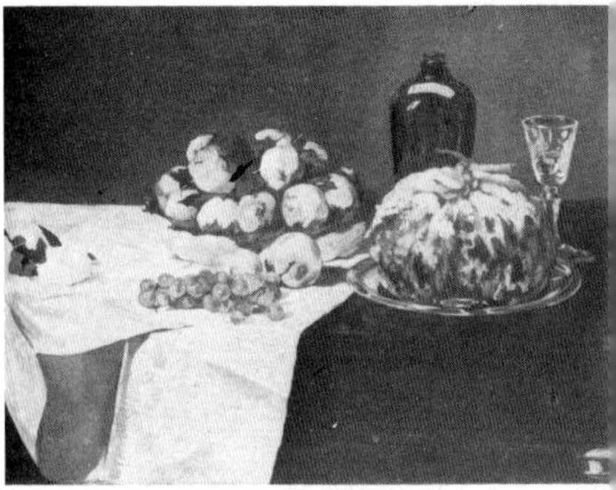

106

108

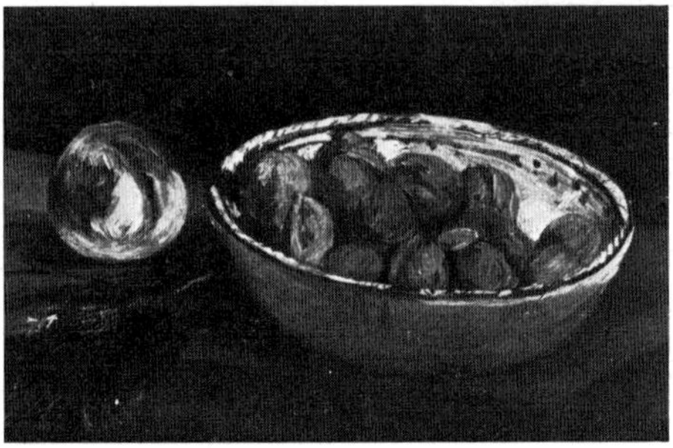

110

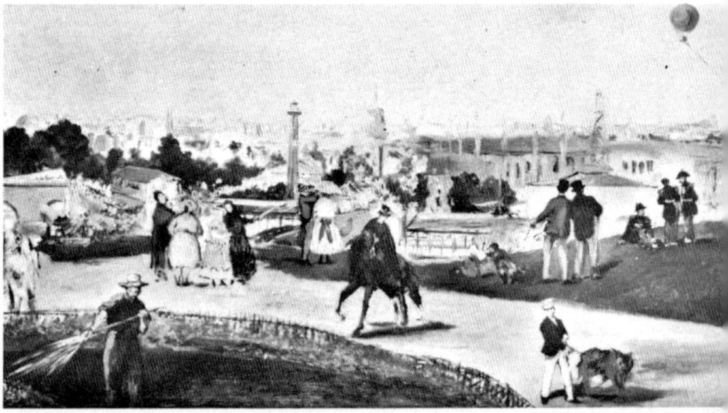

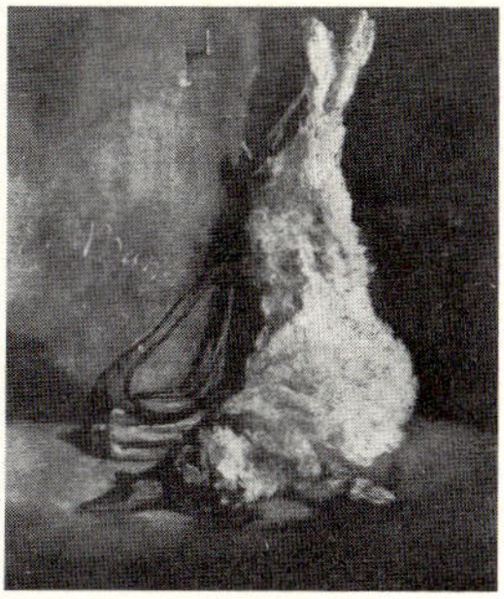

104

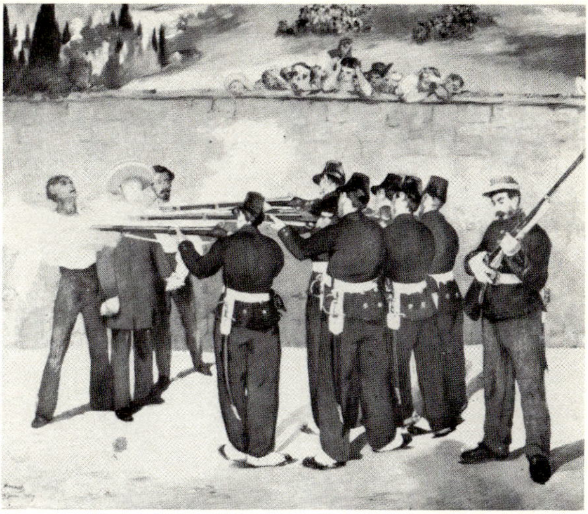

111a

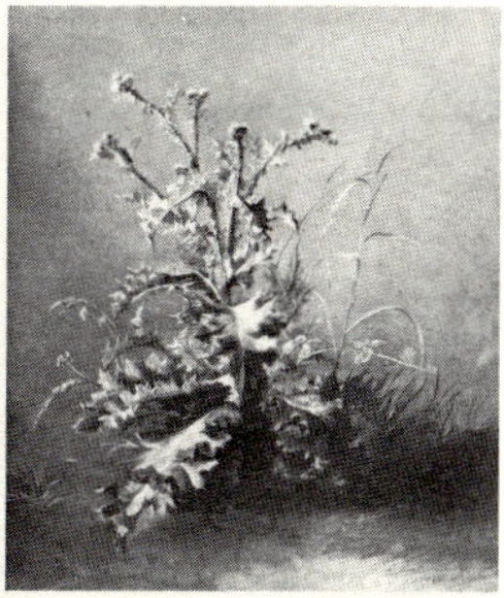

107

111d

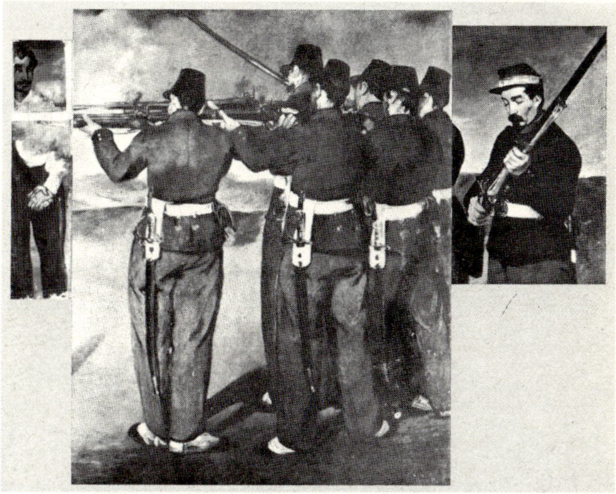

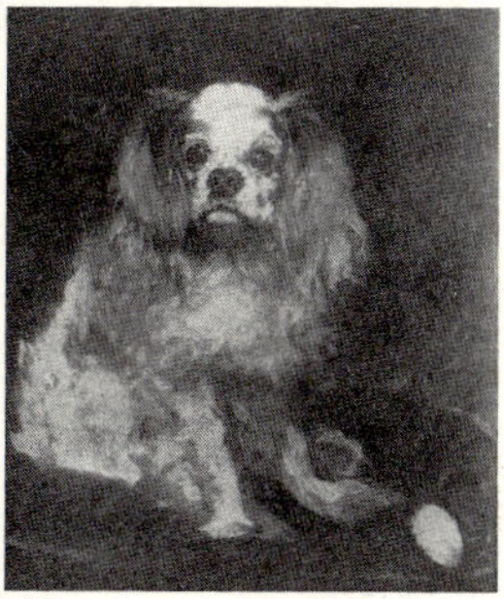

109

111b

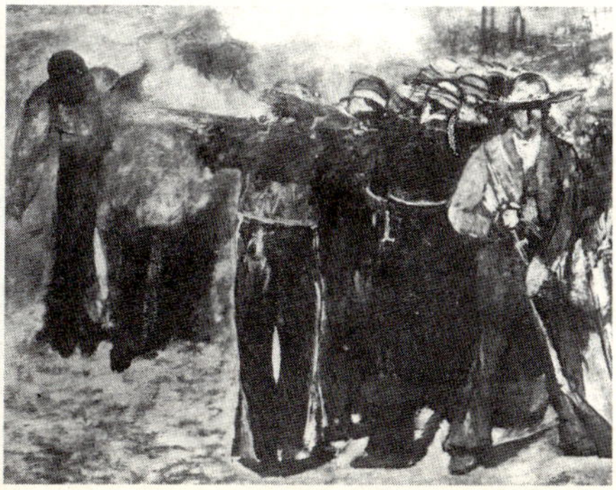

111c

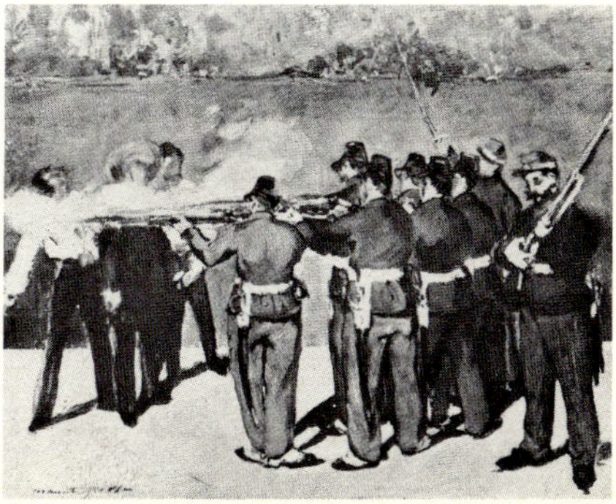

1867

111 d. Fragmente eines großen, auseinandergeschnittenen Ölgemäldes. 1867
Exekutionskommando.
190 × 160 cm
Soldat, das Gewehr ladend.
99 × 59 cm
General Miramòn.
35 × 26 cm
General Miramòn.
89 × 30 cm. London, National Gallery

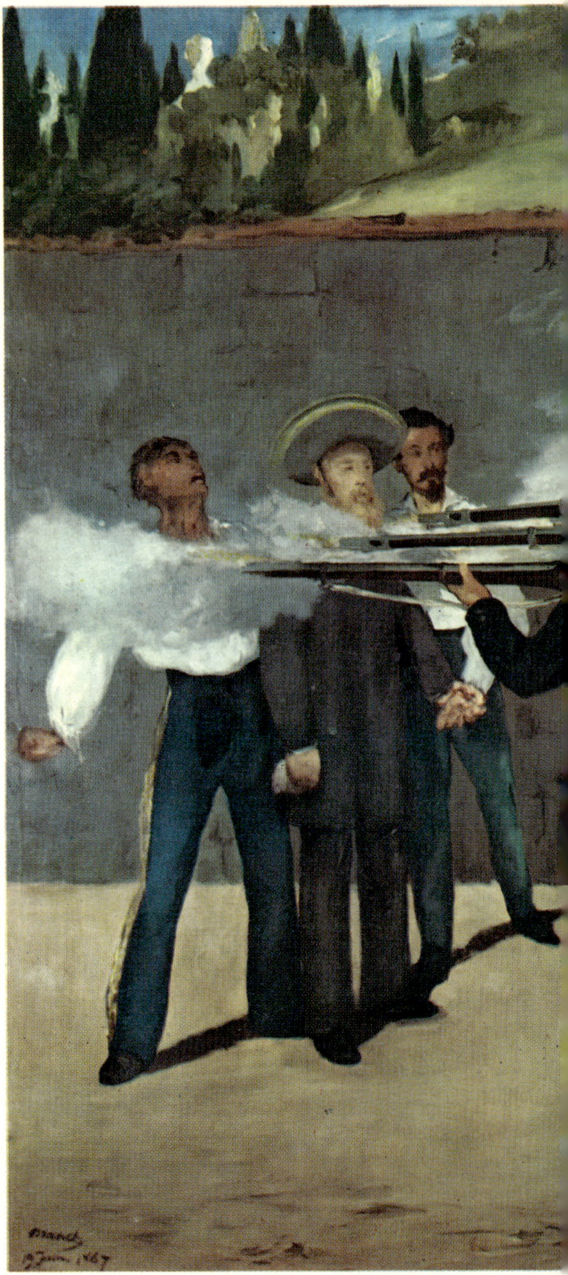

Die Erschießung Kaiser Maximilians (vgl. Abb. 111 a) Die endgültige Fassung der Serie über die Erschießung Maximilians am 19. Juni 1867. Das Bild trägt das Datum der Erschießung; man vermutet aber, daß Manet erst im September des gleichen Jahres mit der Arbeit begann. Es ist von Goya beeinflußt; nicht so sehr durch die Gruppe der Verurteilten und des Erschießungspelotons als vielmehr durch die Neugierigen, die die Szene von oben betrachten, genau wie die Zuschauer auf den Stierkampfszenen des spanischen Malers. Auffallend ist, daß das Erschießungspeloton auf der Bostoner Version (vgl. Abb. 111 b) mexikanische Uniformen trägt, auf der hier abgebildeten französische. Das Bild, das Manet der Sängerin Emilie Ambro für eine Ausstellung in den Vereinigten Staaten anvertraut hatte, wurde in New York mit Erfolg gezeigt, während in Paris politische Gründe eine Ausstellung nicht ratsam erscheinen ließen.

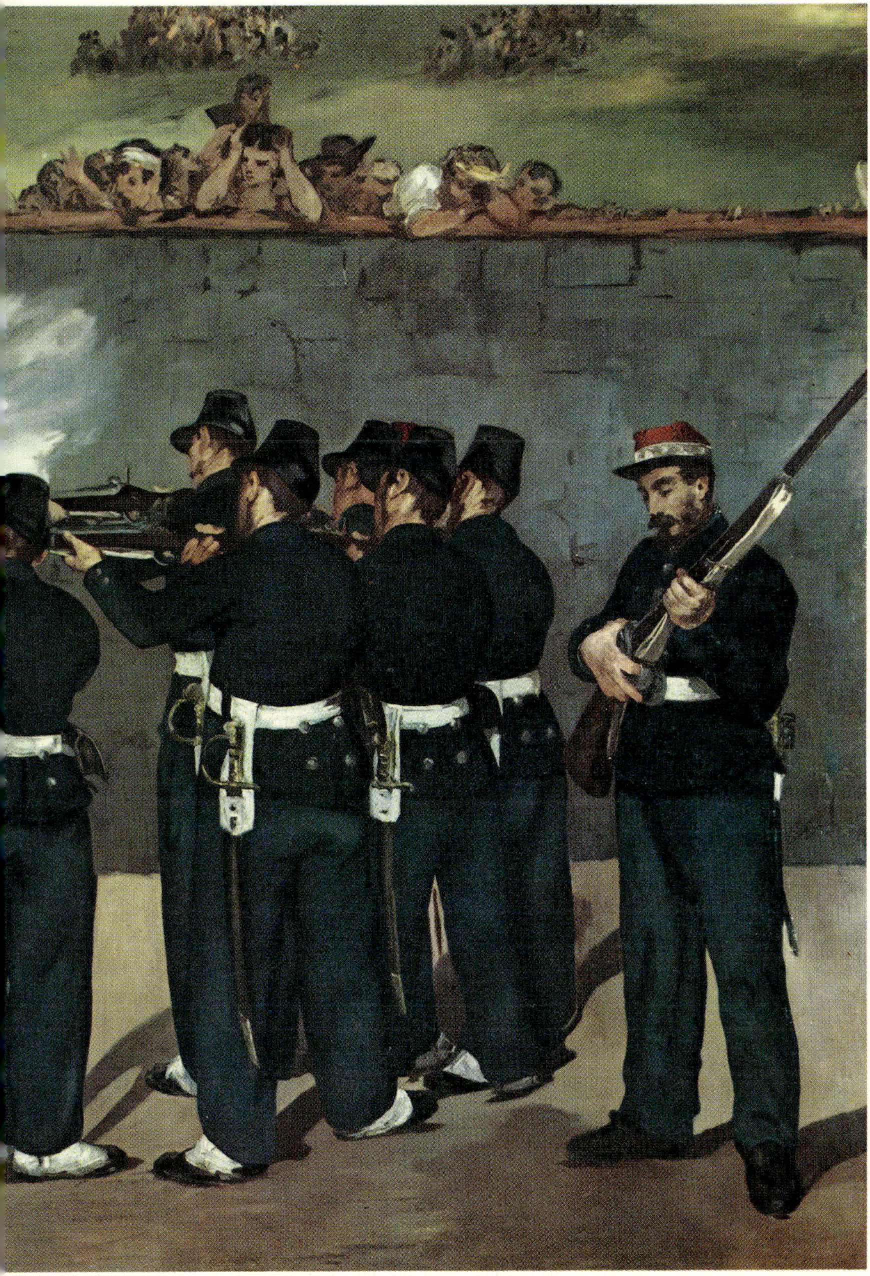

1867–1868

112. Seifenblasender Junge. Signiert, 1867. Öl auf Leinwand. 100×81,4 cm. Oeiras, Fundação Calouste Gulbenkian

113. Emile Zola. 1867/68. Öl auf Leinwand. 146×114 cm. Paris, Louvre (Jeu de Paume)

114. Théodore Duret. Signiert und datiert 1868. Öl auf Leinwand. 43×35 cm. Paris, Musée de la Ville de Paris

115. Frühstück im Atelier. Signiert 1868. Öl auf Leinwand. 120×154 cm. München, Bayerische Staatsgemäldesammlung

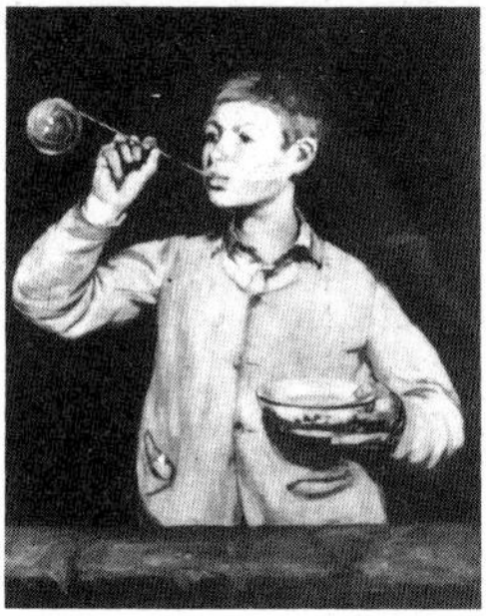

112

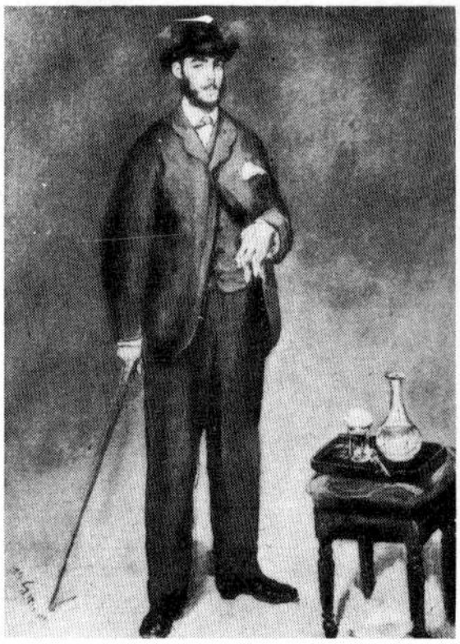

114

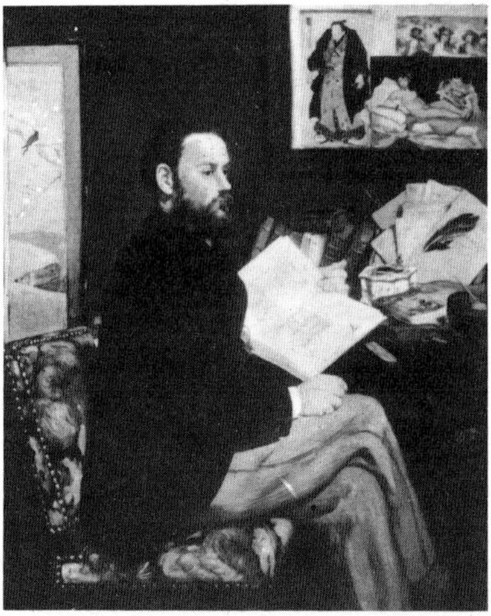

113

115

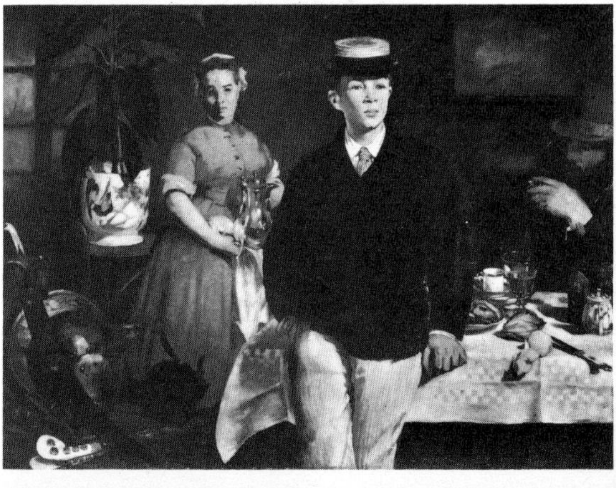

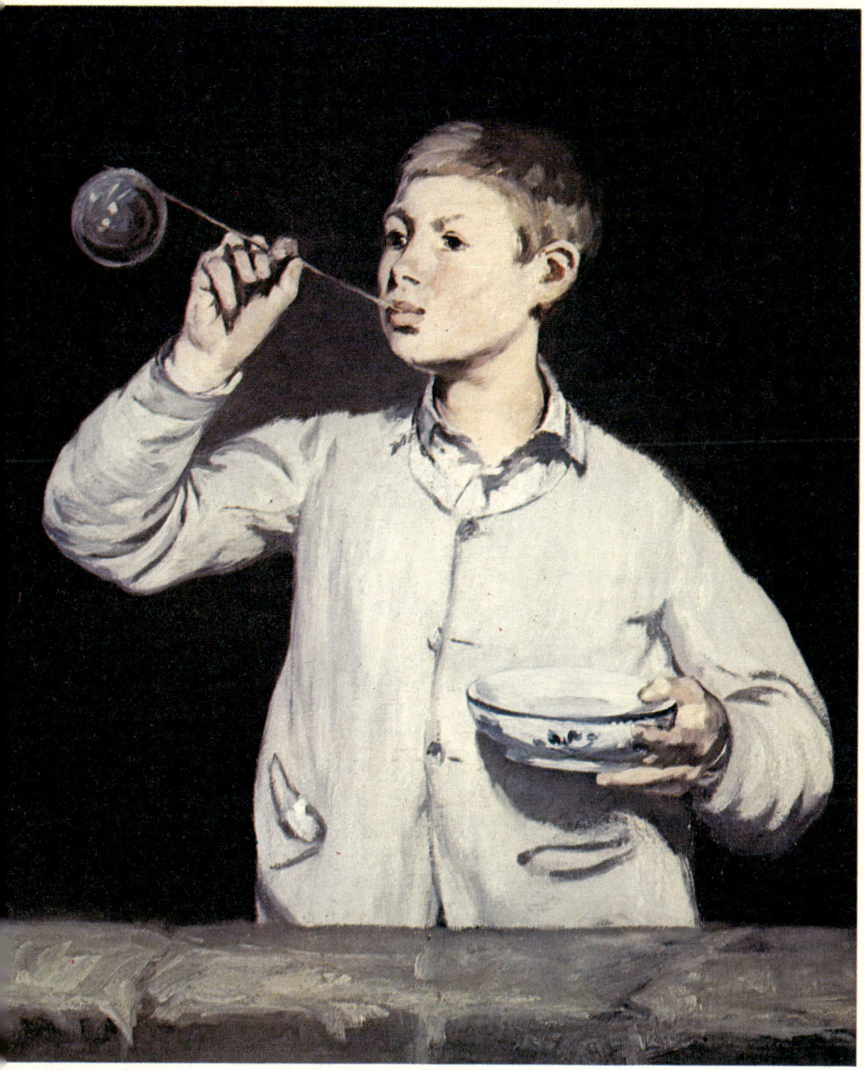

Seifenblasender Junge (vgl. Abb. 112)
Eines der weiteren Hauptwerke Manets, von ähnlichen Bildern Chardins inspiriert. Das Bild, das Léon Koëlla wiedergibt, vermittelt eine feste, dabei leuchtende Farbskala in einem begrenzten Register; der Ausdruck ist dafür um so intensiver.

1868–1869

116a. Vier Personen auf einem Balkon (Der Balkon). Signiert, 1868/69. Öl auf Leinwand. 170×124,5 cm. Paris, Louvre (Jeu de Paume)
116b. Vier Personen auf einem Balkon. Öl auf Leinwand. 37×30 cm. Verbleib unbekannt. Zweifelhafte Kopie von Schülern
116c. Vier Personen auf einem Balkon. 1868. Öl auf Leinwand. 71×43 cm. London, Privatsammlung. Nur die Figur der Fanny Claus stimmt mit dem ursprünglichen Gemälde überein
117. Die Frau des Künstlers am Klavier, im Profil. 1868. Öl auf Leinwand. 38×46,5 cm. Paris, Louvre (Jeu de Paume)
118. Léon Koëlla, lesend und die Frau des Künstlers (Die Lektüre). Signiert, 1868/69. Öl auf Leinwand. 61×74 cm. Paris, Louvre (Jeu de Paume)

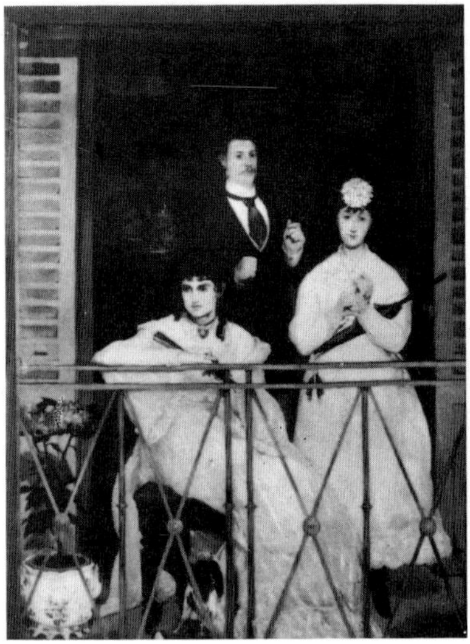
116a

116c
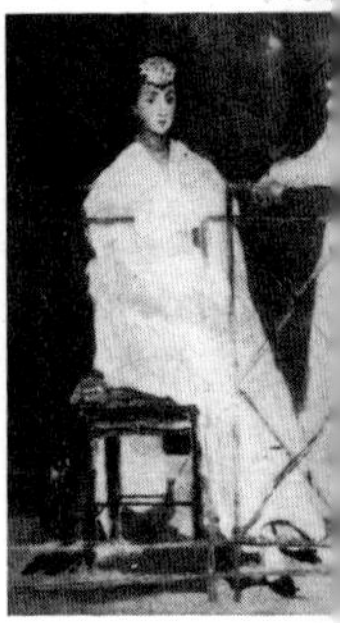

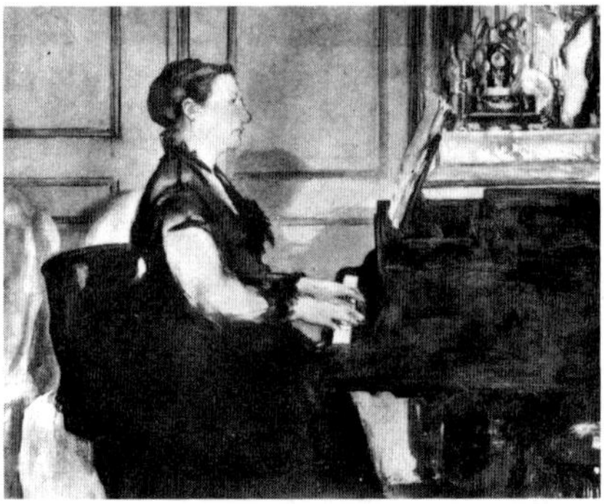
117

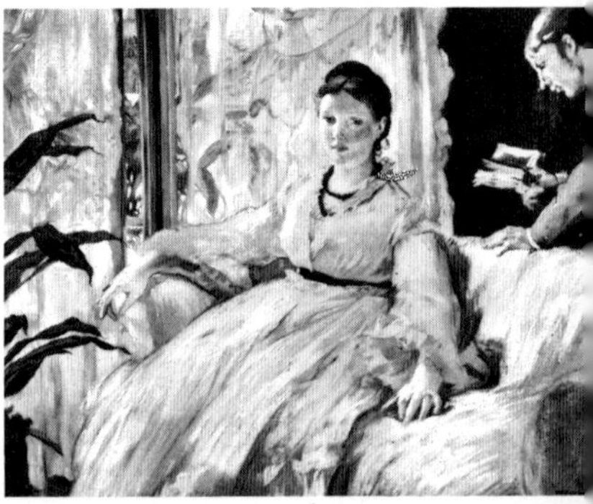
118

Emile Zola (vgl. Abb. 113) Dieses von November 1867 bis Februar 1868 entstandene Bild will trotz sieben oder acht Sitzungen nicht unbedingt die individuellen Züge des Dargestellten betonen, sondern legt die Hauptbetonung auf die konsequente, stilistische Einheit. Formal evident ist der starke Kontrast zwischen Farbzonen und dunklen Flächen. Das im Salon 1868 ausgestellte Bild wurde von der Kritik zurückhaltend aufgenommen; die malerische Qualität bei der Wiedergabe der Gegenstände und die Führung des Lichtes wurden allerdings anerkannt.

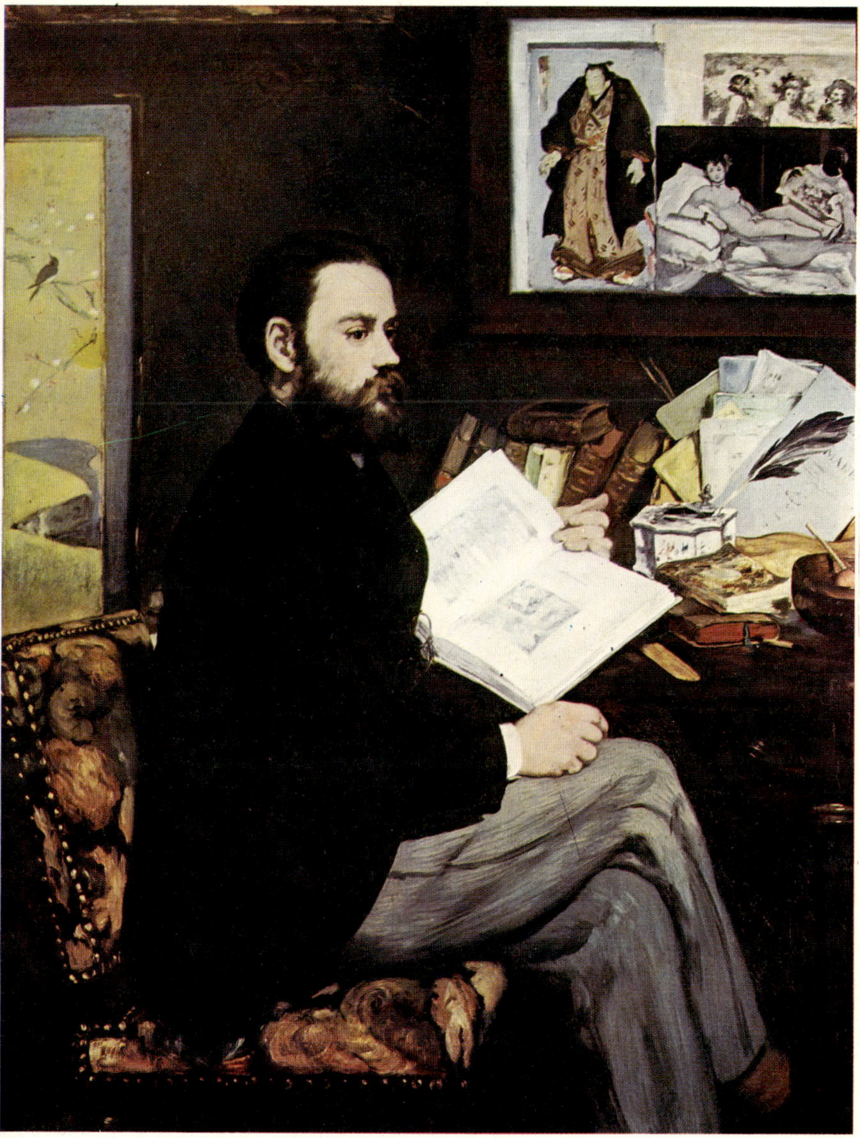

1868–1869

119. Berthe Morisot mit Muff. 1868/69. Öl auf Leinwand. 73 × 60 cm. Cleveland, Museum of Art (Sammlung C. Hanna jr.)
120. Berthe Morisot mit Flaumfeder am Hut. 1869. Öl auf Leinwand. 41 × 32 cm. Ehemals Paris, Sammlung Rouart
121 a. Von Boulogne-sur-mer nach Folkestone auslaufender Dampfer. Signiert, 1869. Öl auf Leinwand. 59 × 71 cm. Philadelphia, Museum of Art
121 b. Von Boulogne-sur-mer nach Folkestone auslaufender Dampfer. 1869. Öl auf Leinwand. 62 × 100 cm. Winterthur, Sammlung O. Reinhart

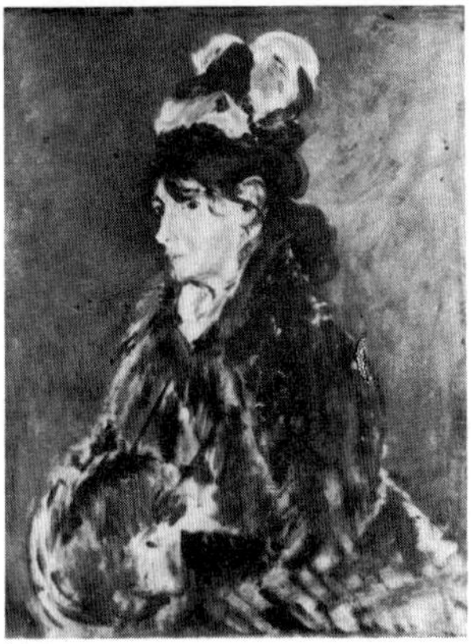
119

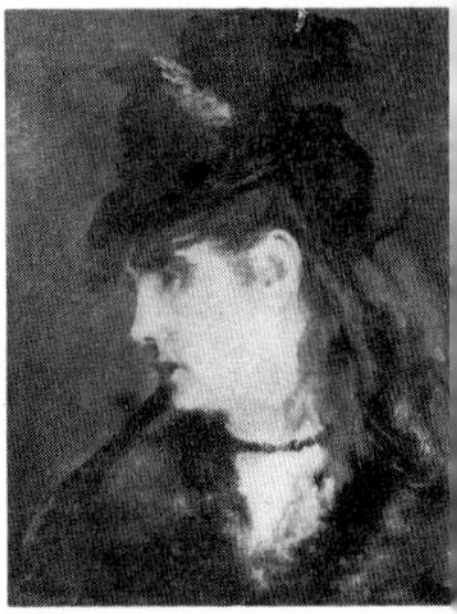
120

121a
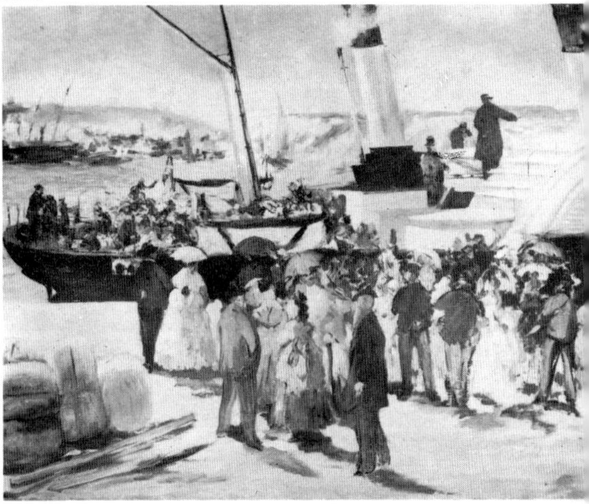

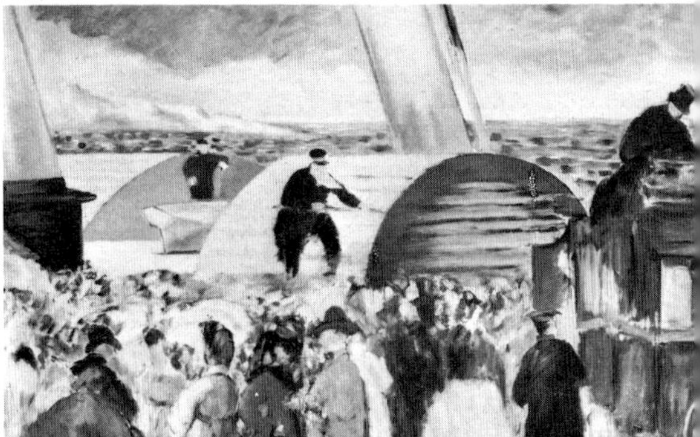
121b

Emile Zola (Ausschnitt, vgl. Abb. 113)
Der Ausschnitt, rechts oben, faßt – so Manets Aussage – die mit dem Schriftsteller geführten Debatten zusammen. Utamaros Holzschnitt und der bestickte, seidene Paravent zeugen von seiner Bewunderung für die japanische Kunst. Hinter der Fotografie der »Olympia«, dem bevorzugten Werk, ist der obere Teil einer Radierung von Velasquez sichtbar, eine weitere Huldigung an den seit der Jugendzeit geliebten Maler, den er auf einer Reise nach Spanien (1865) noch besser kennen- und schätzenlernte.

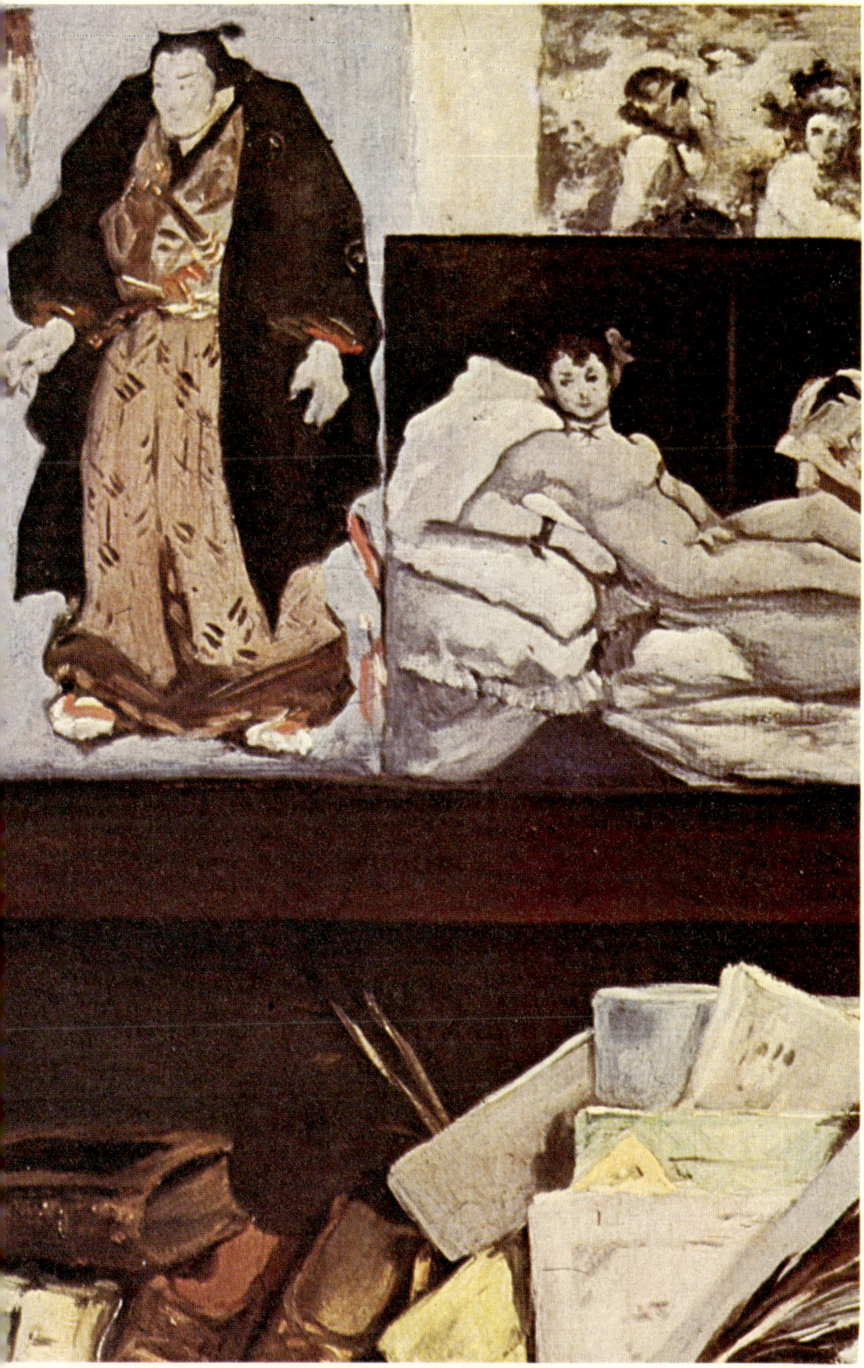

1869–1870

122a. Die Hafenmole von Boulogne-sur-mer. Signiert, 1869. Öl auf Leinwand. 33 × 45 cm. New York, Privatsammlung
122b. Die Hafenmole von Boulogne-sur-mer. 1869. Öl auf Leinwand. 60 × 73 cm. Paris, Privatsammlung
123. Der Hafen von Boulogne-sur-mer im Mondschein. 1869. Öl auf Leinwand. 82 × 100 cm. Paris, Louvre (Jeu de Paume)
124. Dampfer und Segelschiffe bei Sonnenuntergang. Um 1869. Öl auf Leinwand. 42 × 94 cm. Le Havre, Musée du Havre
125. Der Strand von Boulogne-sur-mer. Signiert, 1869. Öl auf Leinwand. 32,5 × 65,5 cm. Upperville (Virginia), Sammlung Paul Mellon
126. Léon Koëlla, eine Birne schälend. 1869. Öl auf Leinwand. 85 × 74 cm. Stockholm, Nationalmuseum
127. Berthe Morisot. Signiert, 1869/70. Öl auf Leinwand. 148 × 113 cm. Providence, Rhode Island School of Design, Museum of Art
128. Eva Gonzales. Signiert und datiert 1870. Öl auf Leinwand. 198 × 135 cm. London, National Gallery
129a. Zacharie Astruc mit Guitarre und eine Frau. Signiert, 1870. Öl auf Leinwand. 140 × 173 cm. Boston, Museum of Fine Arts
129b. Zacharie Astruc mit Guitarre und eine Frau. 1870. Öl auf Leinwand. 97 × 82 cm. Houston, Privatsammlung. Studie der weiblichen Figur
130. Beerdigung in einem Vorort von Paris. 1870. Öl auf Leinwand. 72 × 90 cm. New York, Metropolitan Museum

122a

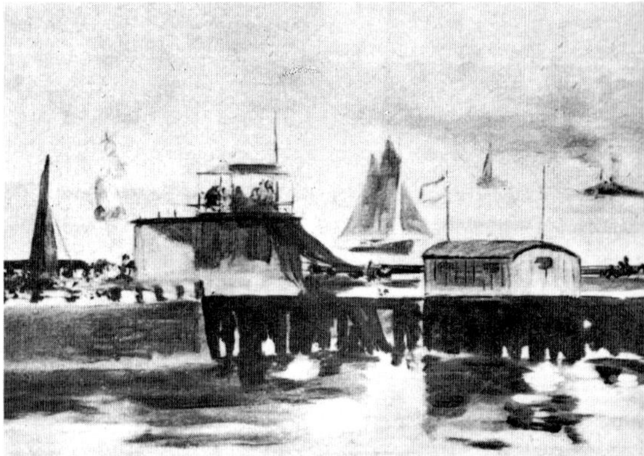

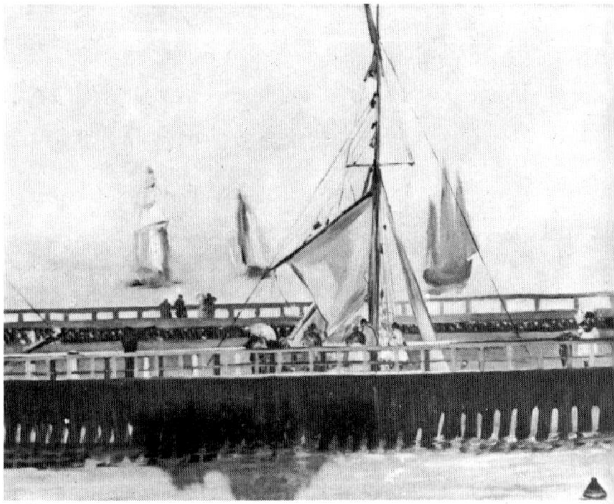

122b

12

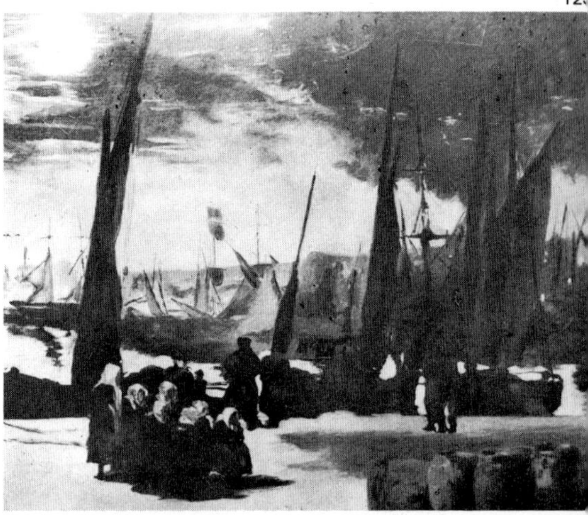

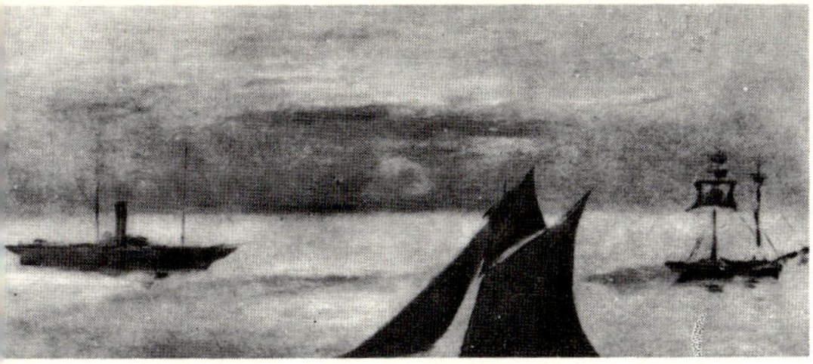
124

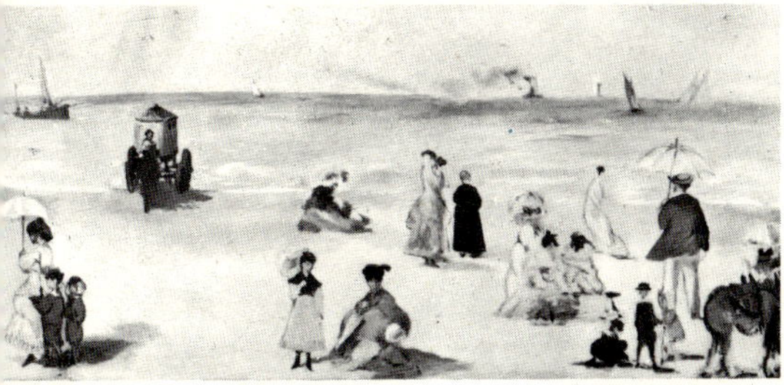
125

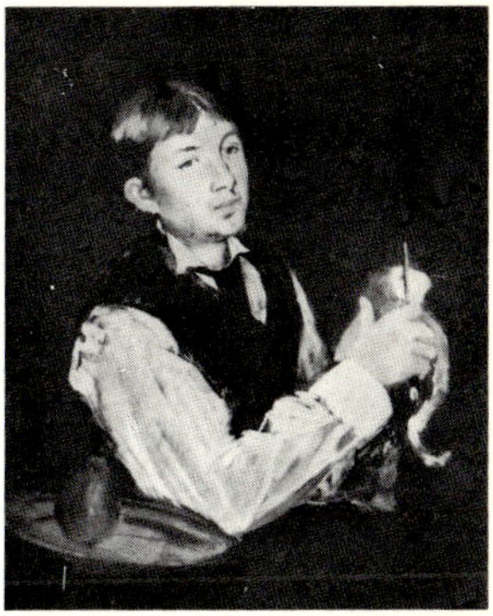
126

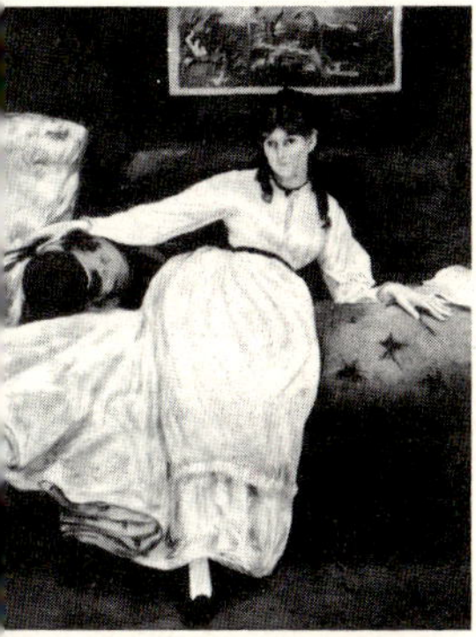
127

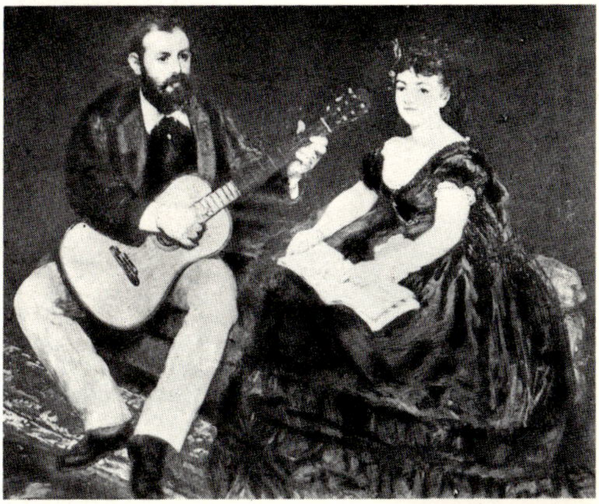
129a

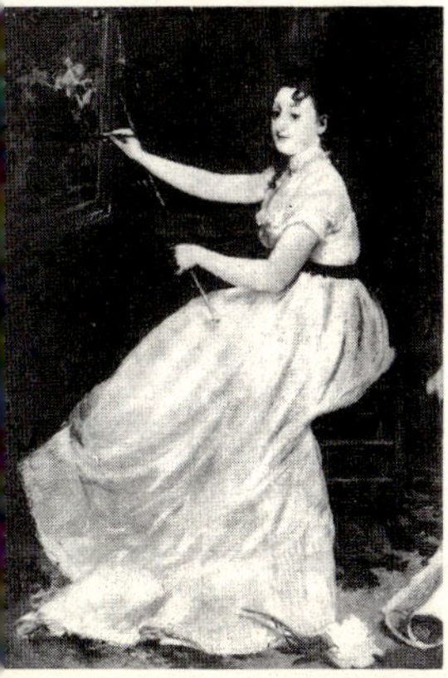
128

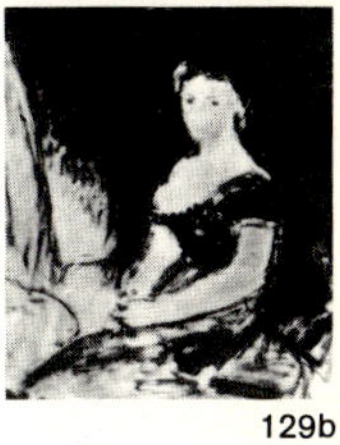
129b

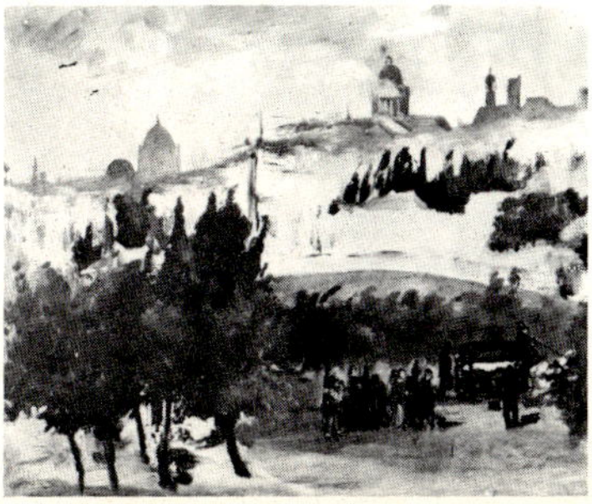
130

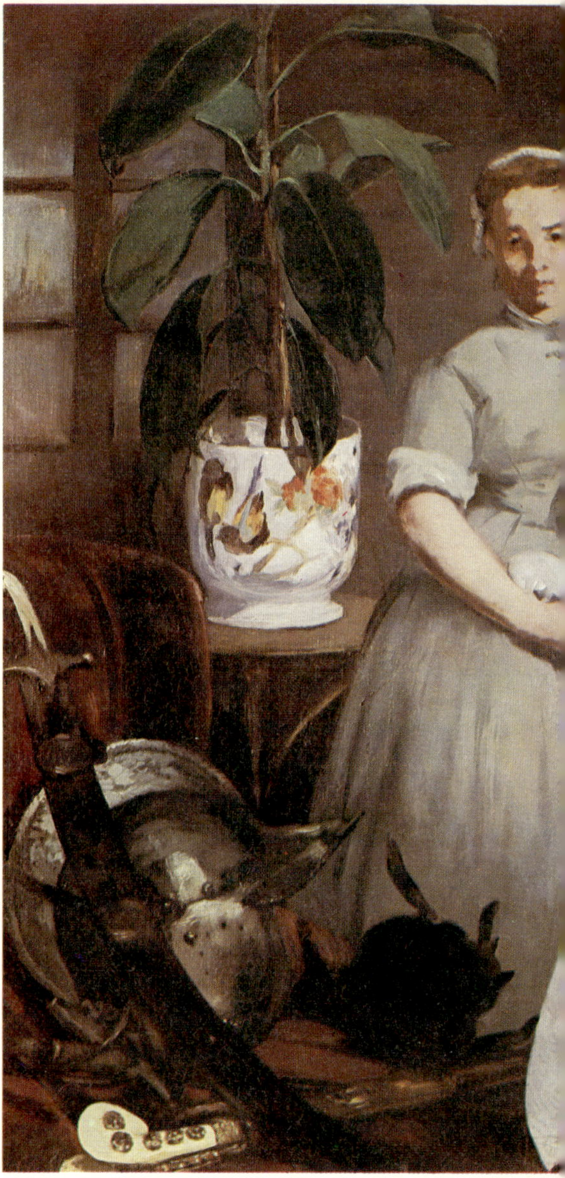

Frühstück im Atelier
(vgl. Abb. 115)
Die Idee zu diesem Bild kam Manet im Sommer 1868 in Boulogne-sur-mer; ausgeführt wurde es in Paris nach einem verlorengegangenen Entwurf. Bei der Frau handelt es sich um ein Gelegenheitsmodell aus Boulogne-sur-mer; der Mann ist der Maler Rousselin, ebenfalls ein Schüler von Couture; der Knabe ist Léon Koëlla. Die Gruppe erinnert an Degas' Bild »Die Familie Belleli« (Richardson); die Figuren schweigen vereinzelt. Jedes Detail ist lebendig wiedergegeben und löst sich vom dunklen Hintergrund ab. Die intensiv glänzenden Waffen und die Kanne, der klare Umriß des Knabenkopfes und das Stilleben auf dem Tisch weisen noch einmal auf Chardin hin.

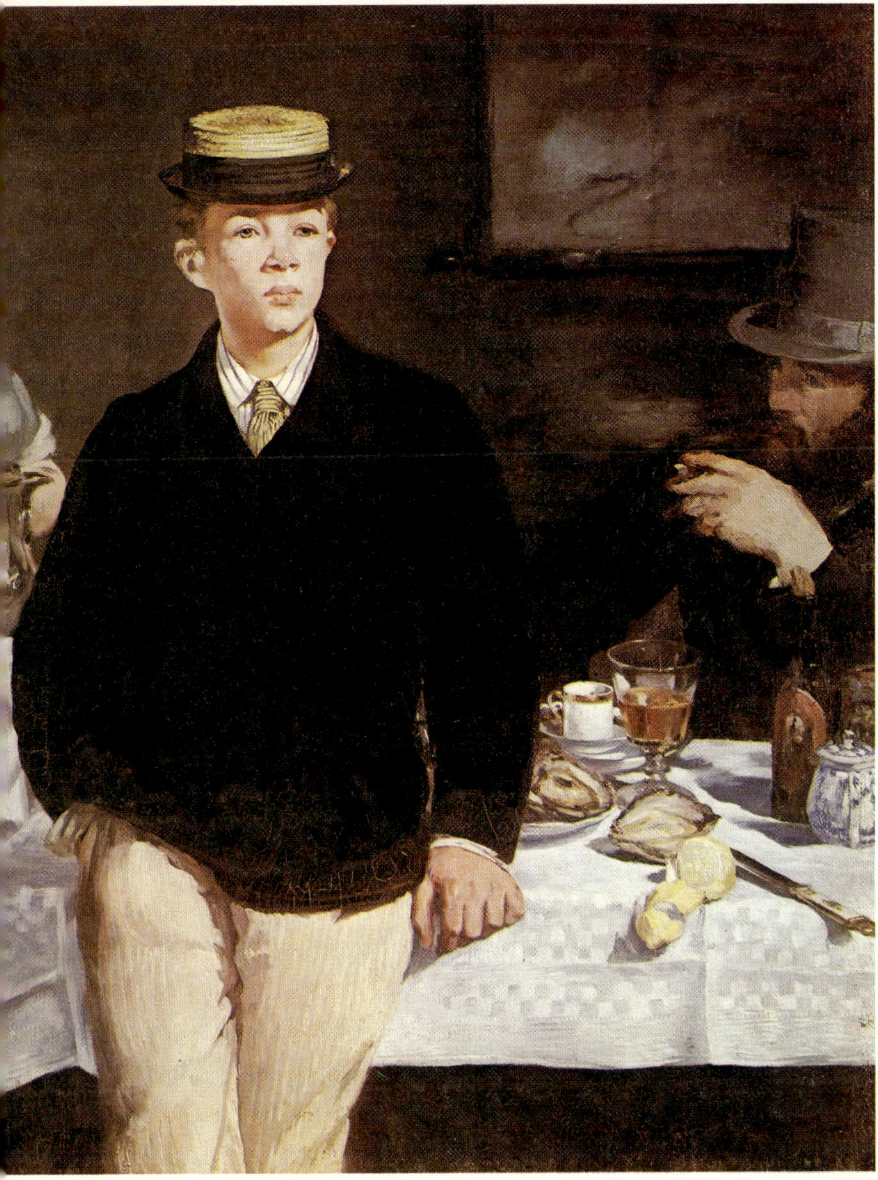

1870

131. Eva Gonzales, im Atelier des Künstlers malend. 1870. Öl auf Leinwand. 56×46 cm. Saint-Germain-en-Laye, Sammlung Alphonse Kann

132. Stilleben mit »Brioche«, Blume und Obst. Signiert und datiert 1870. Öl auf Leinwand. 65×81 cm. New York, Privatsammlung

133. Der Maler Emile Guilaudin zu Pferd. 1870. Öl auf Leinwand. 88×116 cm. Grosse Pointe Farms (Michigan), Sammlung Mr. und Mrs. Henry Ford II. Unvollendet

134. Madame Bourdin. Signiert, 1870. Öl auf Leinwand. 56,5×46,5 cm. Basel, Kunstmuseum (Depot Stiftung Rudolf Staechlin)

135. Die Familie des Malers Giuseppe de Nittis (?) im Garten (Der Garten). Signiert, 1870. Öl auf Leinwand. 45×55 cm. New York, Sammlung Mr. und Mrs. Dunbar W. Bostwick

Vier Personen auf einem Balkon (Der Balkon)
(vgl. Abb. 116a)
Die Personengruppe erinnert an Goyas Bild »Majas auf einem Balkon«, auch wenn bei Manet die Realität einer erlebten Szene im Vordergrund steht. Die sitzende Frau ist Berthe Morisot, die stehende die Geigerin Fanny Klaus, der Mann der Maler Guillemet. Über ihre Schulter blickt Léon Koëlla. Zwischen den Personen der Gruppe besteht trotz der malerischen Kraft, mit der sie dargestellt wurden, keine thematische Beziehung: das bestätigt Manets Desinteresse an signifikanten Details; er beschäftigt sich einzig mit der reinen Malerei.

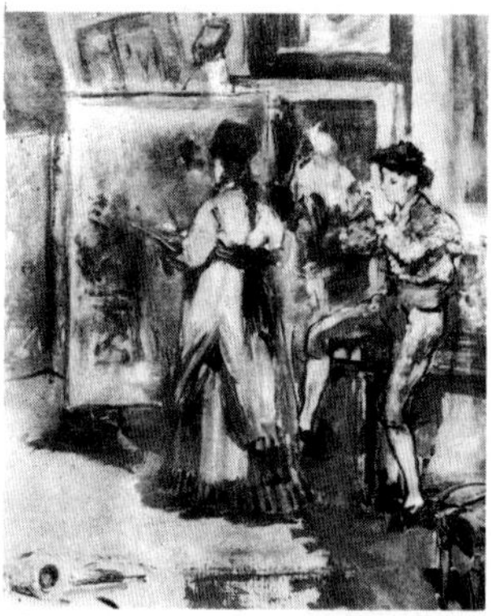
131

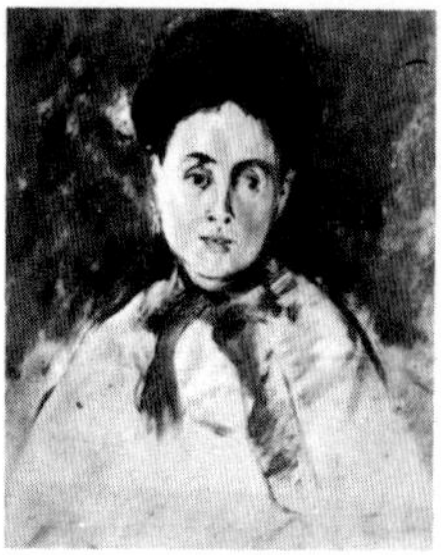
134

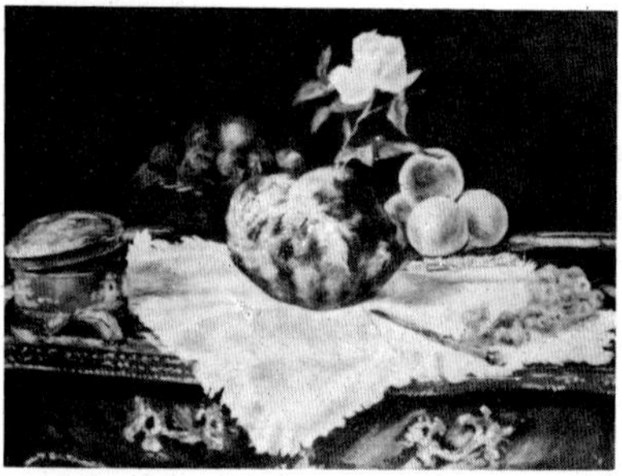
132

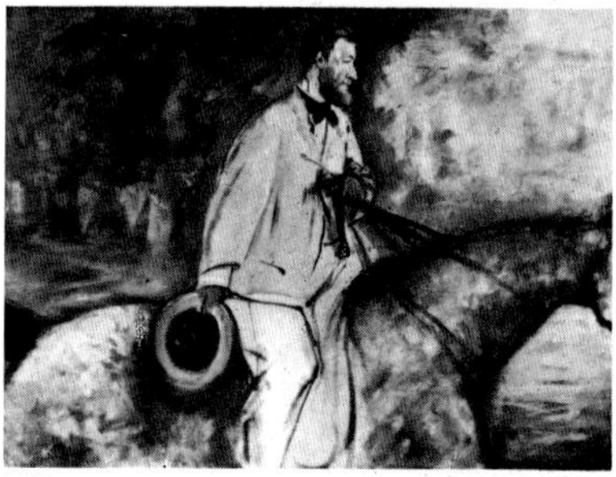
133

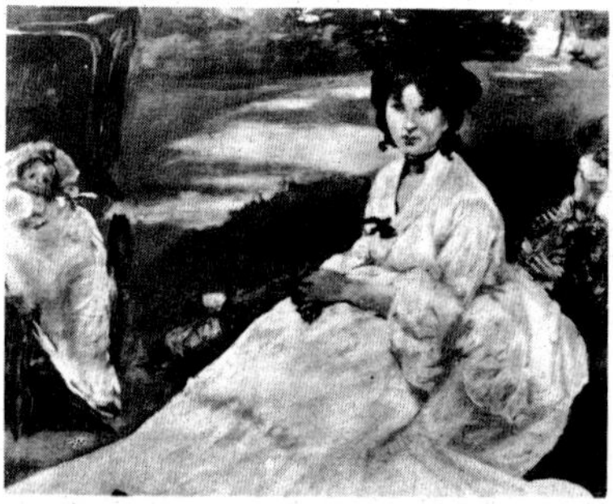
135

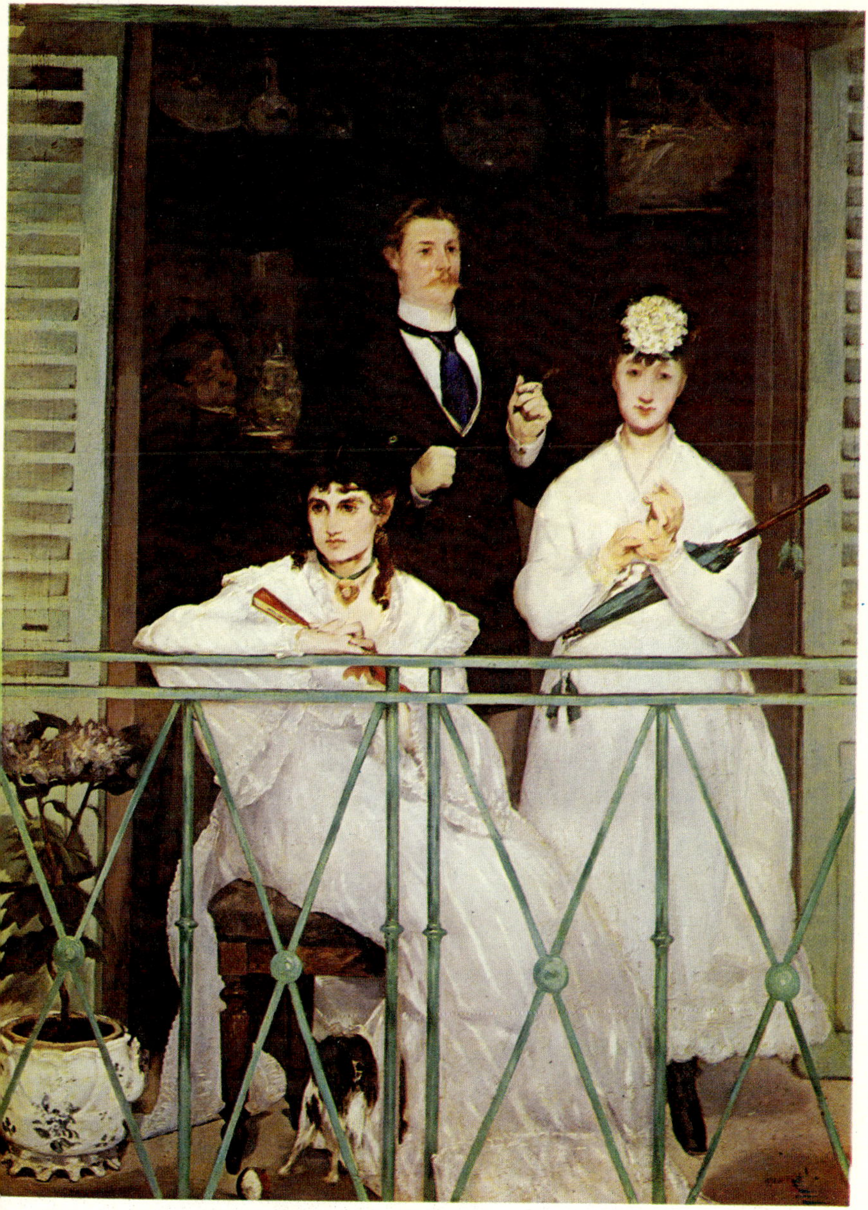

1870–1871

136. Landschaft bei Petit-Mont-Rouge (Schneeffekte bei Mont-Rouge). Signiert und datiert 28. Dez. 1870. Öl auf Leinwand. 61 × 50 cm. Cardiff, National Museum of Wales
137. Léon Koëlla auf einer Loggia in Oloron-Sainte-Marie. Signiert und datiert 1871. Öl auf Leinwand. 42,5 × 62,5 cm. Zürich, Stiftung Bührle
138. Landschaft bei Oloron-Sainte-Marie. Signiert, 1871. Öl auf Leinwand. 62 × 46,5 cm. Stuttgart, Staatsgalerie
139. Léon Koëlla auf einem Fahrrad (Der Radfahrer). 1871. Öl auf Leinwand. 53 × 20 cm. Paris, Privatsammlung. Unvollendetes Fragment einer früheren, größeren, unbekannten Komposition
140. Windspiel. 1871. Öl auf Leinwand. 19,5 × 24,5 cm. New York, Privatsammlung

136

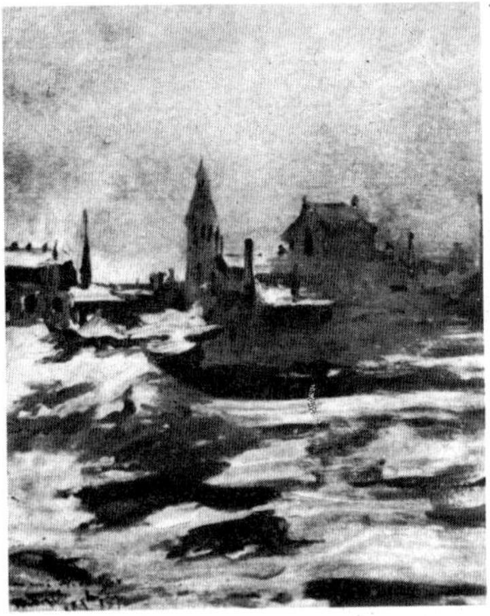

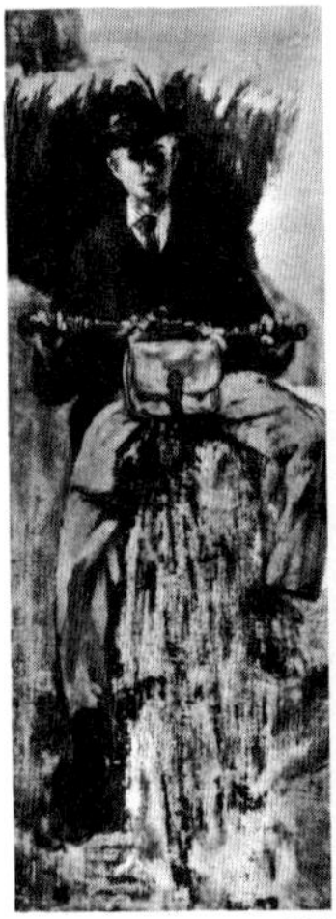

139

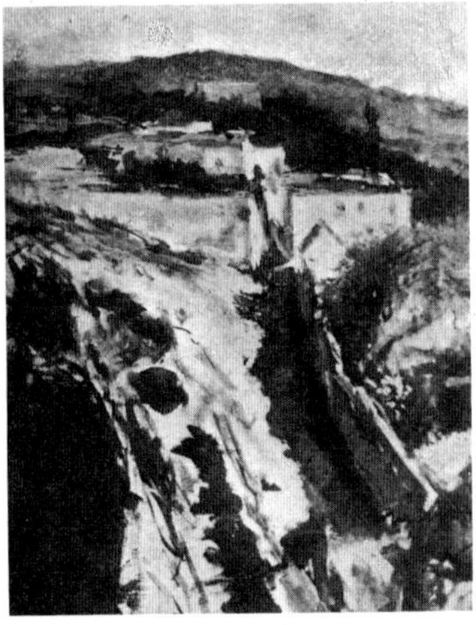

138

137

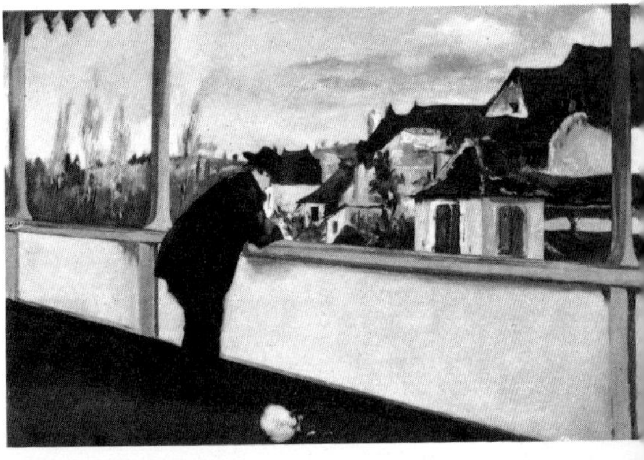

Vier Personen auf einem Balkon
(Ausschnitt, vgl. Abb. 116 a)
Unter den vier Personen, die auf dem Balkon erscheinen, fällt besonders Berthe Morisot auf; Manet fängt in allen Porträts dieser Frau deren außergewöhnliche Sensibilität und künstlerische Intelligenz ein, hier durch den Kontrast zwischen dem weißen Kleid und dem schwarzen Hintergrund hervorgerufen.

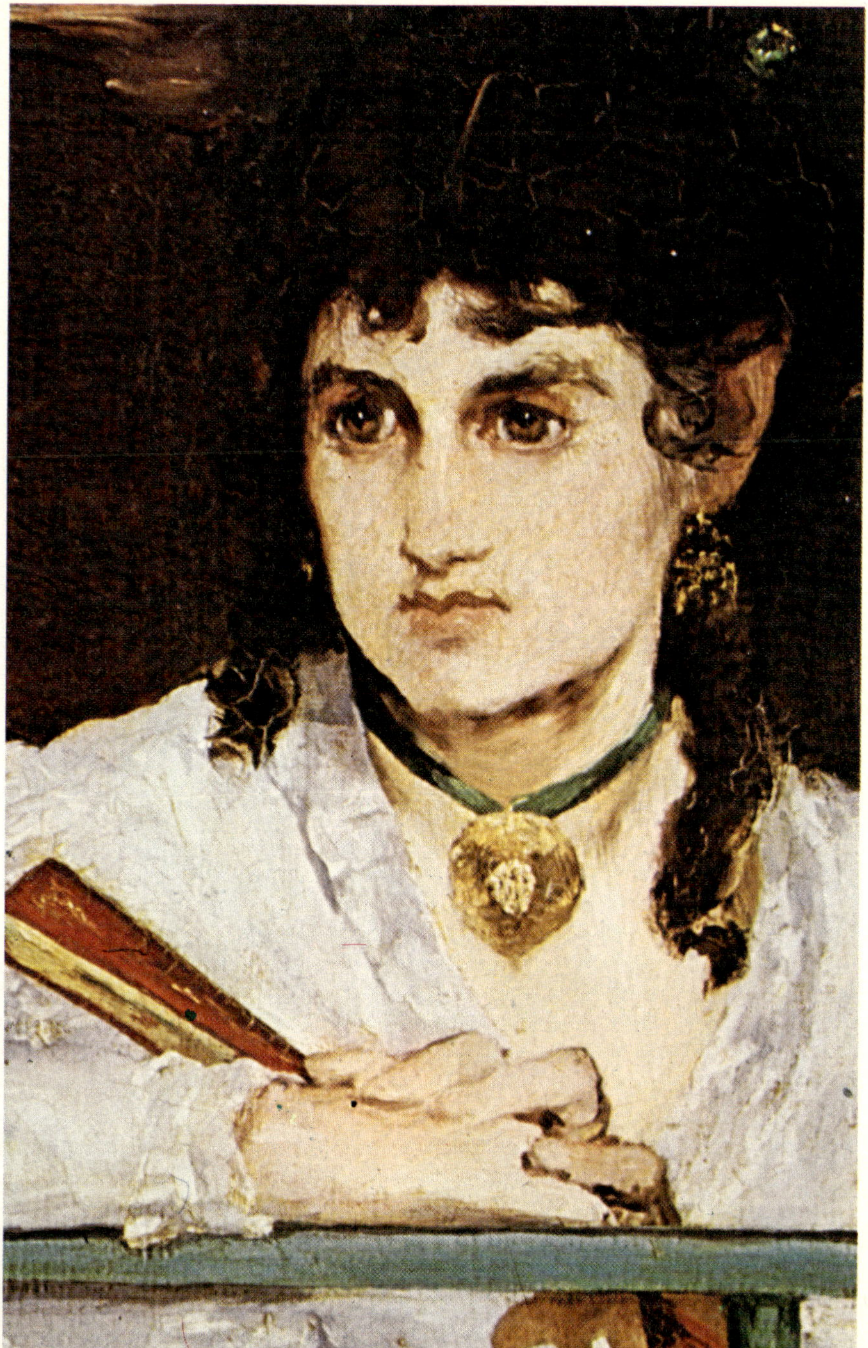

1871

141. Der Hafen von Bordeaux. Signiert, 1871. Öl auf Leinwand. 63×100 cm. Zürich, Sammlung Bührle
142. Das Becken von Arcachon. Signiert, 1871. Öl auf Leinwand. 25×30 cm. Basel, Stiftung Rudolf Staechlin
143. Segelschiffe im Becken von Arcachon. Signiert, 1871. Öl auf Holz. 37×56 cm. Zürich, Stiftung Bührle
144. Seestück im Sturm bei Arcachon (Arcachon: Orkan). Signiert, 1871. Öl auf Leinwand. 34×49 cm. Basel, Kunstmuseum (Depot)
145. Seestück bei Arcachon (Arcachon: schönes Wetter). Signiert, 1871. Öl auf Leinwand. 25×42 cm. New York, Privatsammlung
146. Interieur mit der Frau des Künstlers und Léon Koëlla (Interieur in Arcachon). 1871. Öl auf Leinwand. 39×54 cm. Williamstown (Massachusetts), Sterlin and Francine Clark Art Institute
147. Kricketpartie in Boulogne-sur-mer. 1871. Öl auf Leinwand. 46×73 cm. Schweiz, Privatsammlung
148. Schiffe im Hafen von Calais. Signiert, 1871. Öl auf Leinwand. 65×80 cm. New York, Sammlung Mrs. H. O. Havemeyer
149. Stilleben mit grünen Mandeln. Signiert, 1871. Öl auf Leinwand. 21×26 cm. Verbleib unbekannt. 1933 verlorengegangen
150. Beim Place Clichy in Paris (Eine Straße). Um 1871. Öl auf Leinwand. 46×24 cm. Genf, Privatsammlung

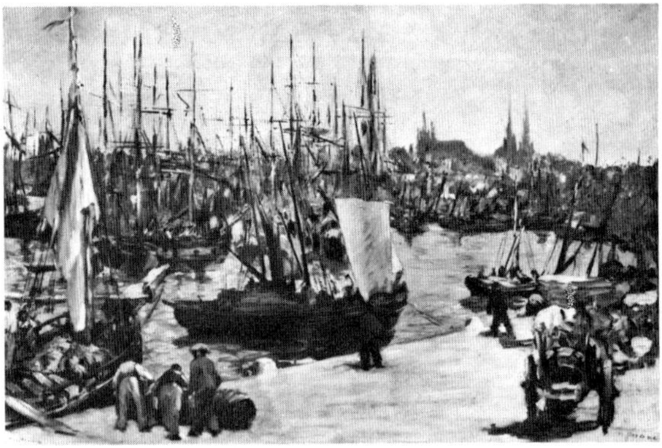

141

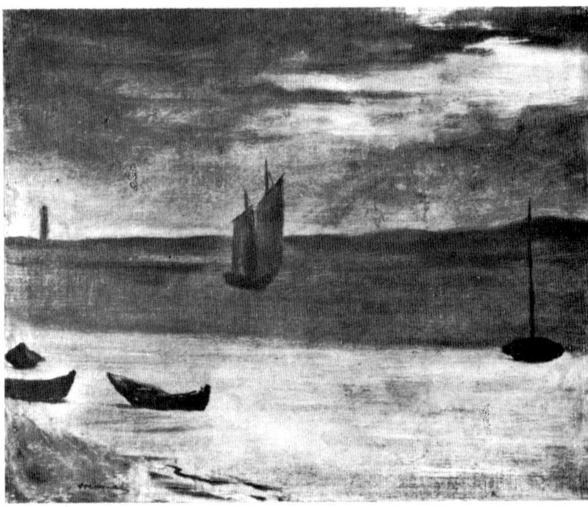

142

143

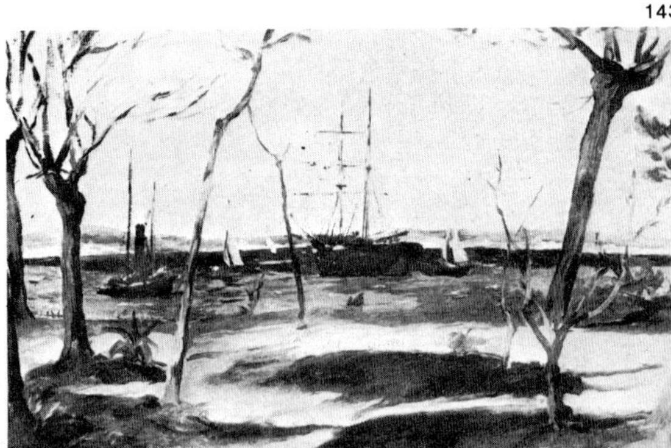

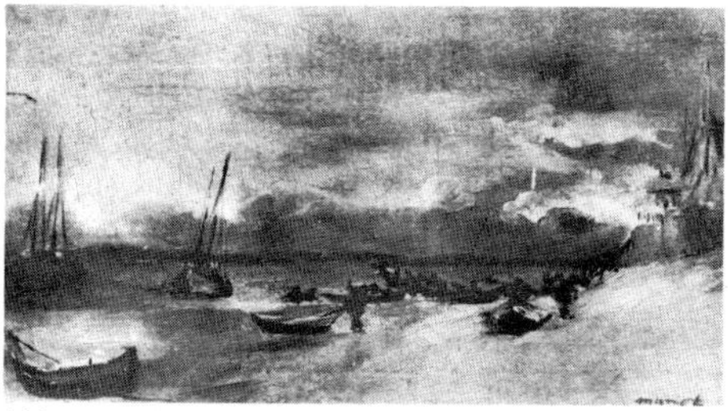

144

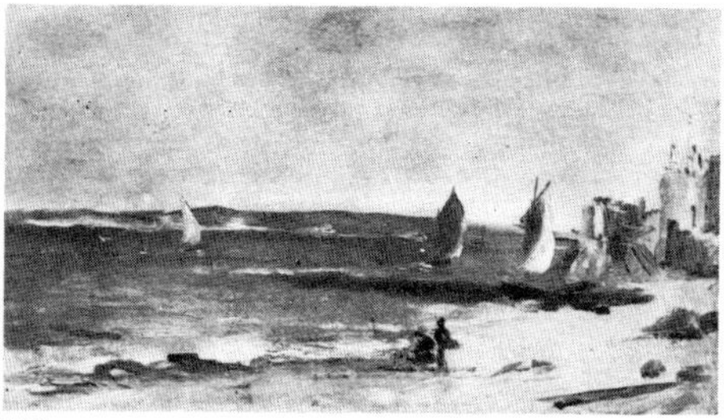

145

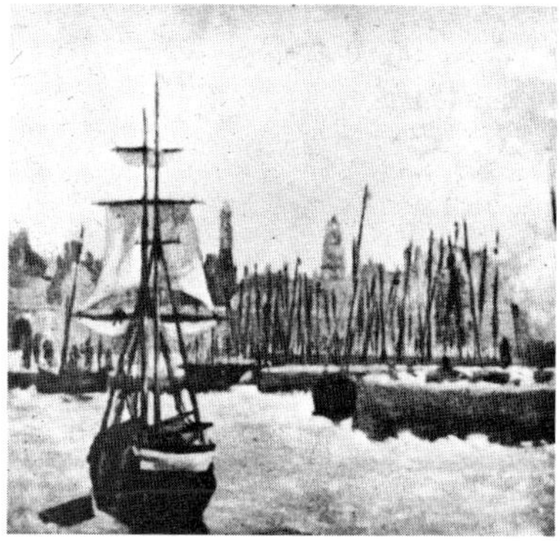

148

146

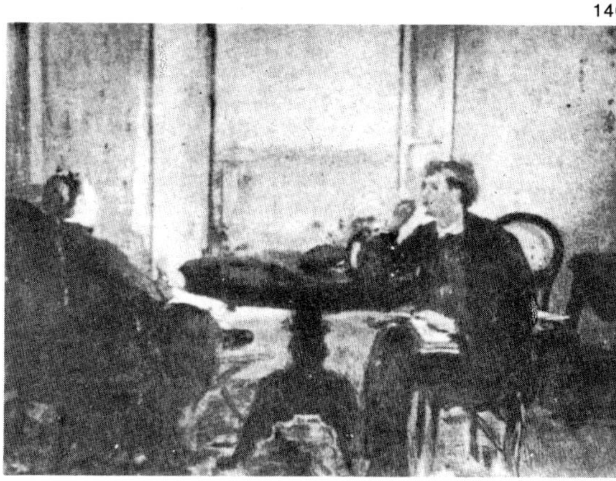

149

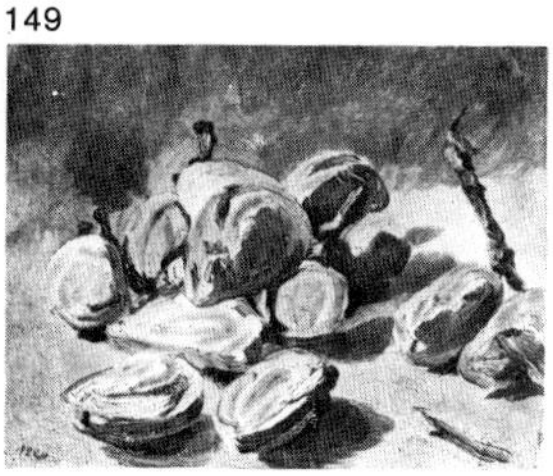

150

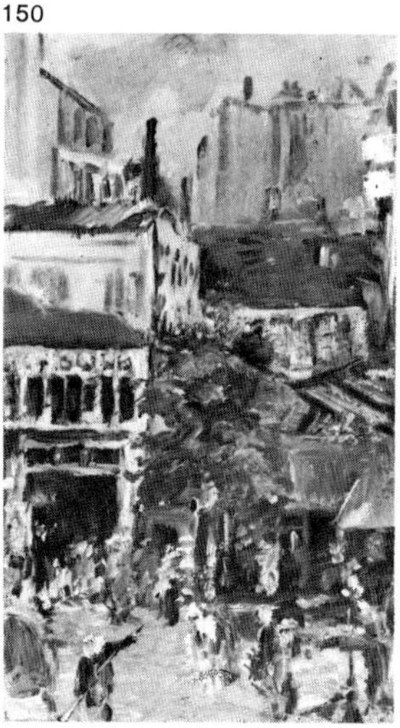

147

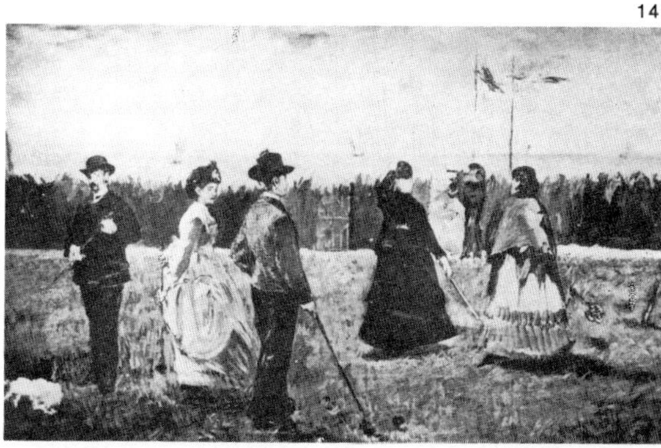

1872–1873

151. Berthe Morisot mit Schleier. 1872. Öl auf Leinwand. 61 × 47 cm. Basel, Privatsammlung
152. Berthe Morisot mit rosa Schühchen und Landschaft mit Glockenturm. 1872. Öl auf Leinwand. 46,5 × 32 cm. New Orleans, Sammlung Eredi Henderson
153. Berthe Morisot mit Fächer. Signiert, 1872. Öl auf Leinwand. 60 × 45 cm. Paris, Louvre (Jeu de Paume)
154. Berthe Morisot mit schwarzem Hut und Veilchenstrauß. Signiert und datiert 1872. Öl auf Leinwand. 55 × 38 cm. Ehemals Paris, Sammlung Rouart
155. Stilleben mit Veilchenstrauß und Fächer. Signiert, 1872. Öl auf Leinwand. 21 × 27 cm. Ehemals Paris, Sammlung Rouart. Widmung: »A Mlle Berthe Morisot. E. Manet«
156. Frau mit Regenschirm. 1872. Öl auf Leinwand. 52 × 32 cm. Los Angeles, Sammlung William Goetz
157. Braunhaariger Jüngling mit entblößter Brust. Signiert, 1872. Öl auf Leinwand. 60 × 49 cm. Ehemals Paris, Sammlung Rouart

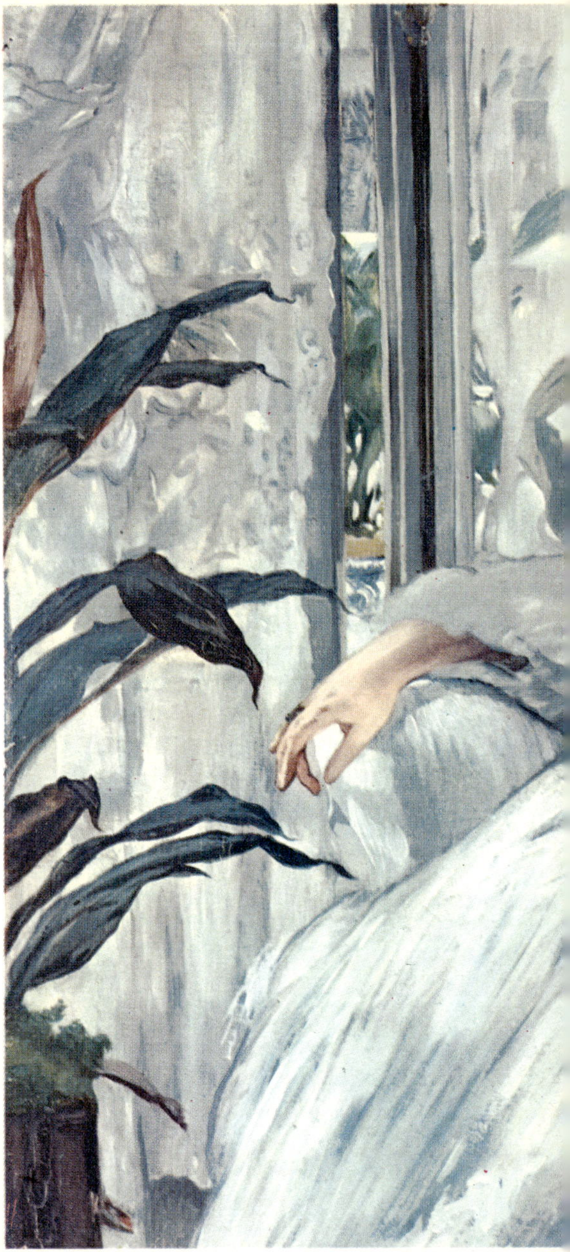

Léon Koëlla, lesend, und die Frau des Künstlers
(vgl. Abb. 118)
Die Komposition des häuslichen Themas lebt durch das Licht, das durch die Vorhänge gefiltert ist, über das Kleid und den Diwan flutet – alles Stoffliche entmaterialisierend –, um sich mit liebevoller Verzögerung auf Gesicht und Hände der klavierspielenden Suzanne zu konzentrieren.

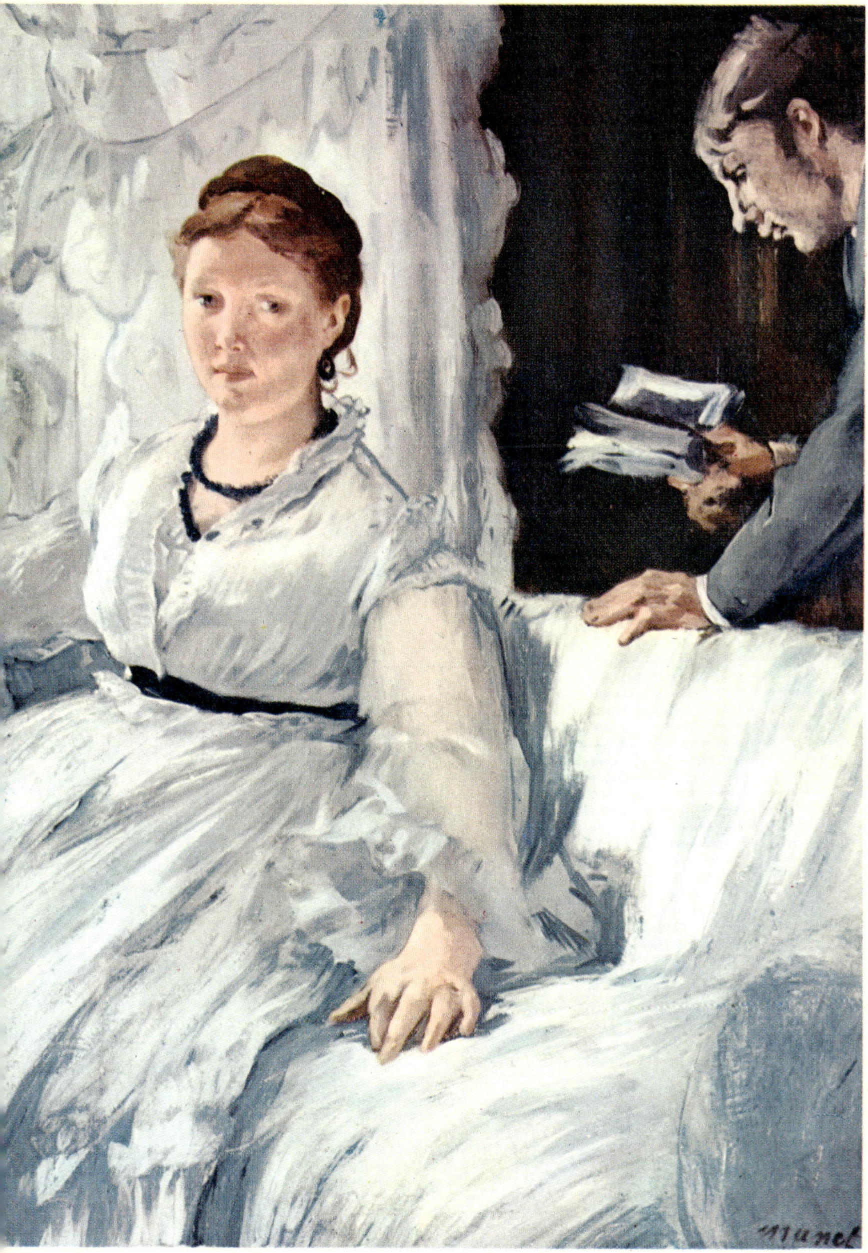
Manet

1872–1873

158. Frau mit Lorgnette. Um 1872. Öl auf Leinwand. 38×42 cm. Ehemals Dublin, Sammlung Christian Kilternan

159. Pferderennen im Bois de Boulogne. Signiert und datiert 1872. Öl auf Leinwand. 72,5×92,5 cm. New York, Privatsammlung

160. Holländische Landschaft. Signiert, 1872. Öl auf Leinwand. 49×60 cm. Philadelphia, Museum of Art (Sammlung Wilstach)

161. Emile Bellot (»Le bon bock«). Signiert und datiert 1873. Öl auf Leinwand. 94×83 cm. Philadelphia, Museum of Art (Sammlung Carrol S. Tyson jr.)

162. Tafel mit Pokal. Signiert, 1873. Öl auf Holz. 50×38 cm. Ehemals Paris, Sammlung Pierre. Signatur von der Witwe des Künstlers

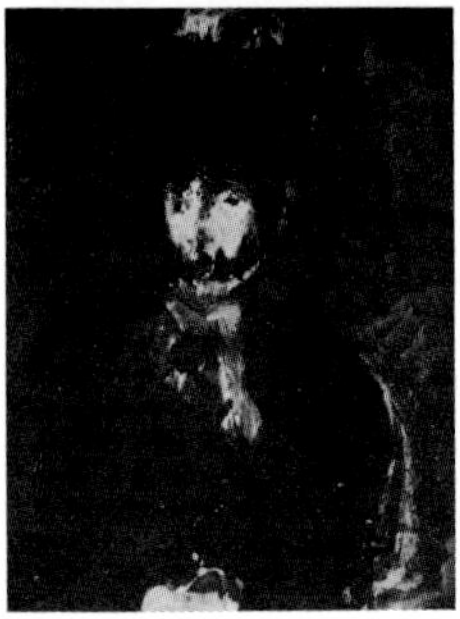

151

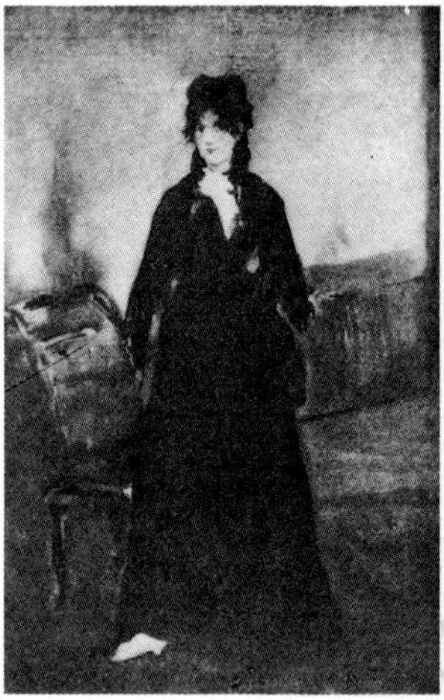

152

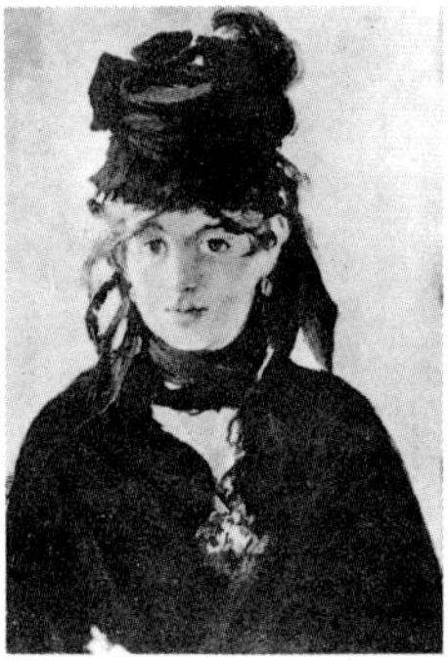

154

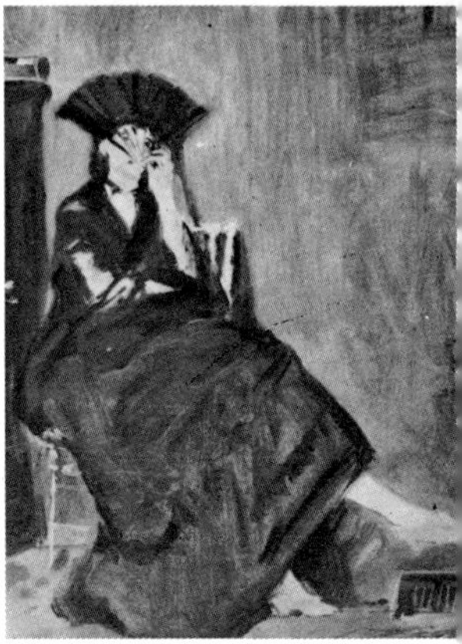

153

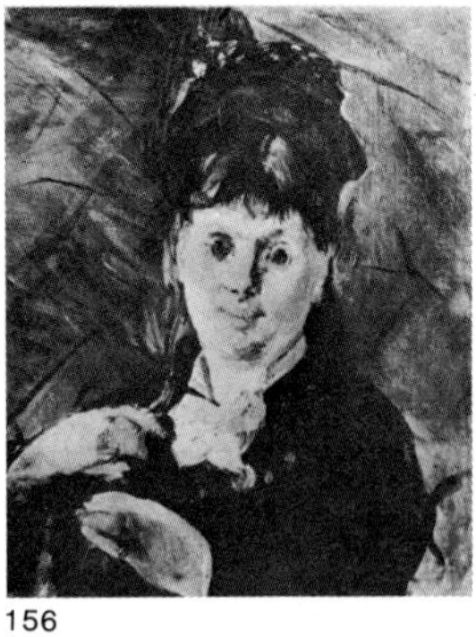

156

157

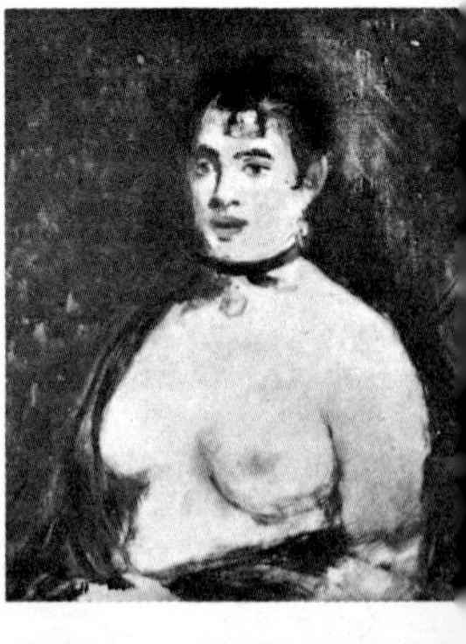

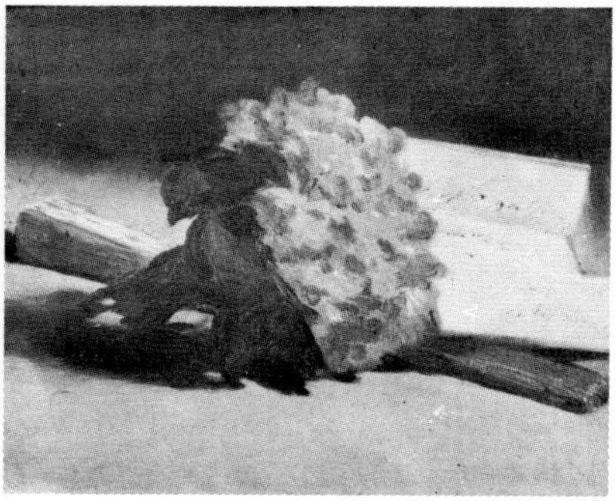
155

158
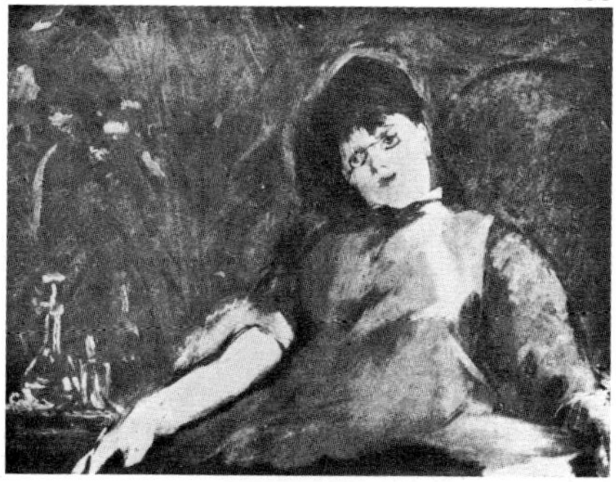

159
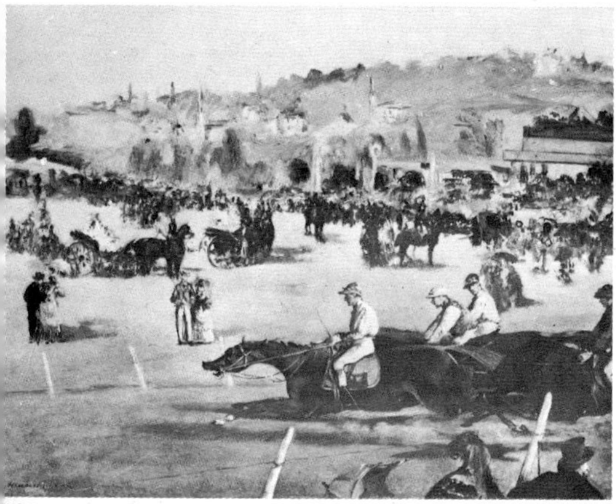

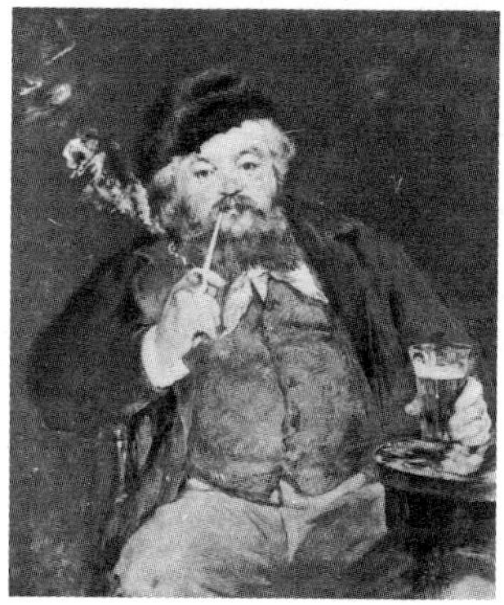
161

160
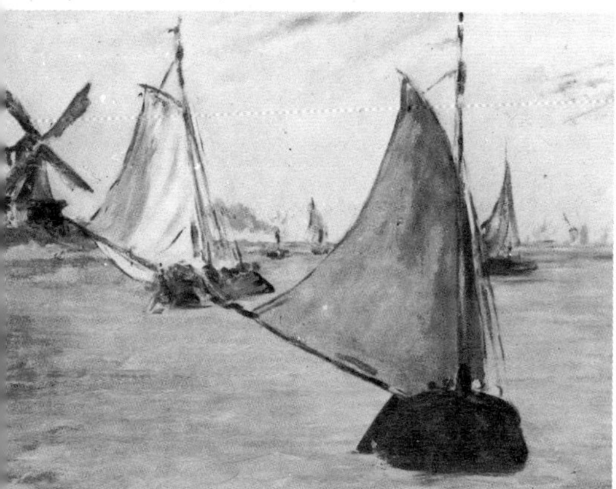

162
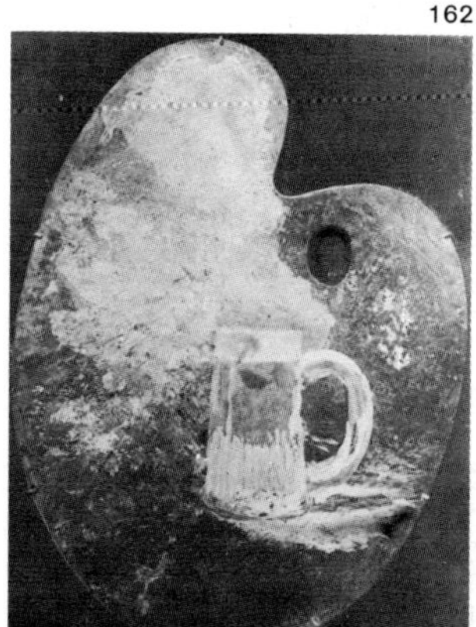

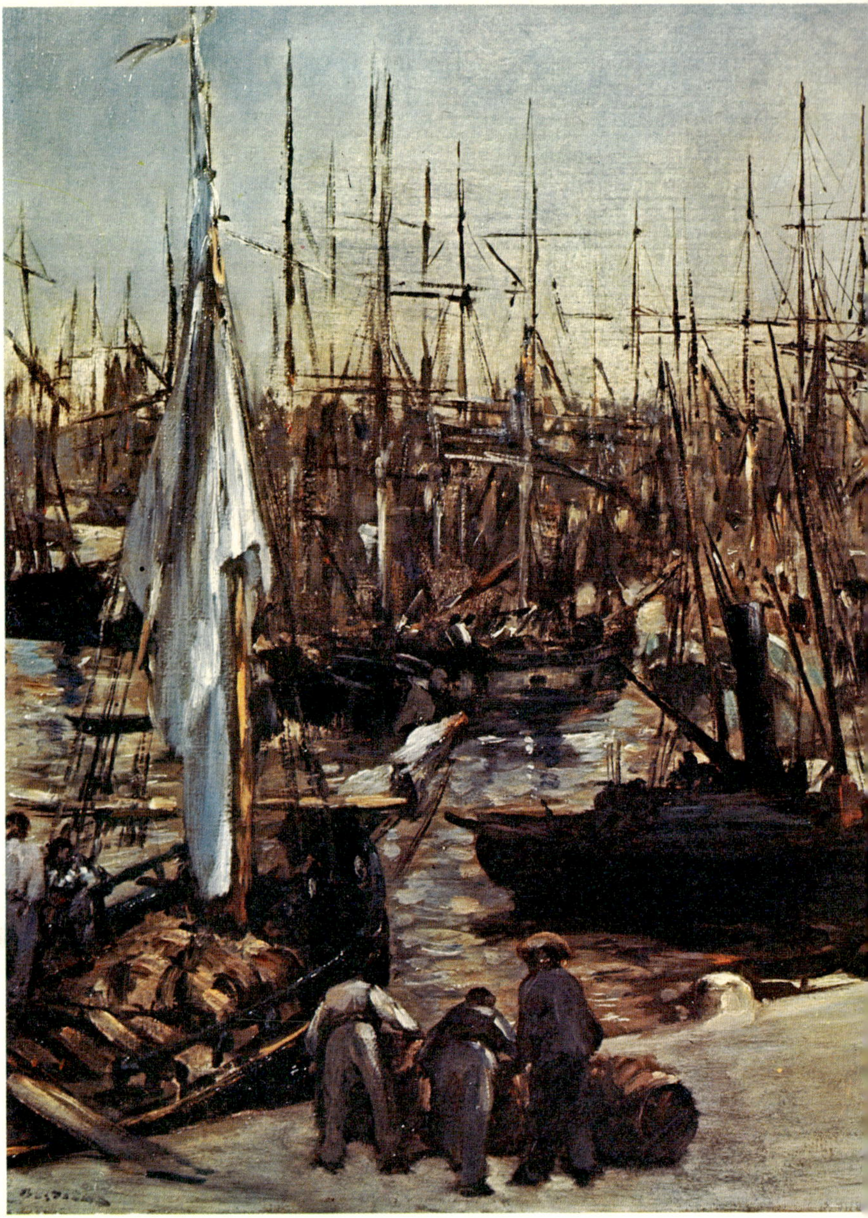

Der Hafen von Bordeaux (vgl. Abb. 141)
Das durchgearbeitete Gemälde, das sich mit den Aussichten von Boudin und Jongkind zu messen scheint, wurde nach dem franzö-

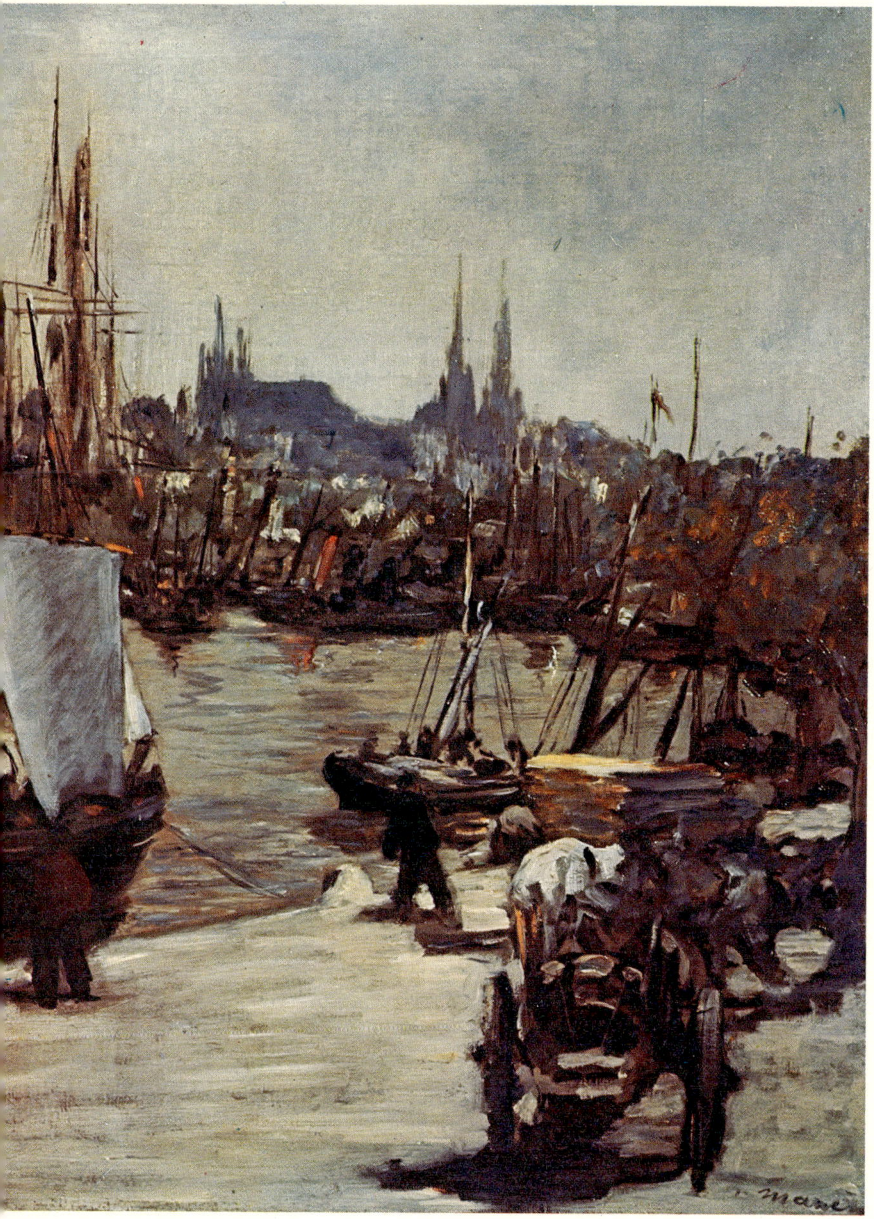

sisch-preußischen Krieg im späten Winter 1881 fertiggestellt. Wahrscheinlich zeigt das Bild den Blick aus einem Café über den Hafen.

1873

163. Die Frau und der Bruder des Künstlers in Berck-sur-mer (Am Strand). Signiert, 1873. Öl auf Leinwand. 59×73 cm. Paris, Louvre (Jeu de Paume)
164. Badende am Strand von Berck-sur-mer (?). Signiert, 1873. Öl auf Leinwand. 38×44 cm. Detroit, Institute of Arts (Sammlung Robert H. Tannahill)
165. Die Frau und die Mutter des Künstlers, auf einer Wiese sitzend (Die Schwalben). Signiert, 1873. Öl auf Leinwand. 65×81 cm. Zürich, Stiftung Bührle
166. Drei Kühe auf der Wiese. Signiert, 1873. Öl auf Holz. 12×21 cm. Ehemals Paris, Sammlung Donop de Monchy

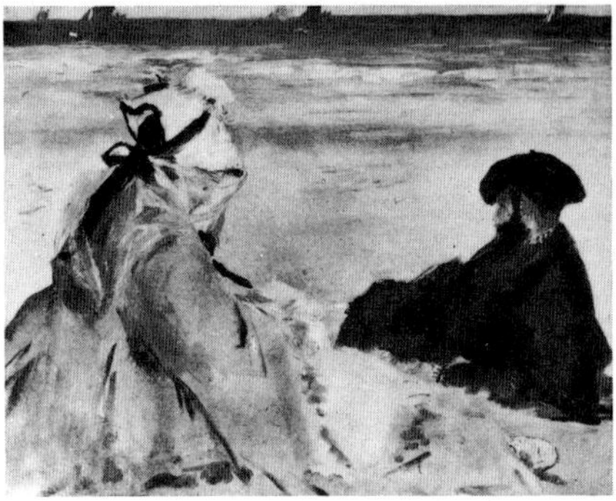
163

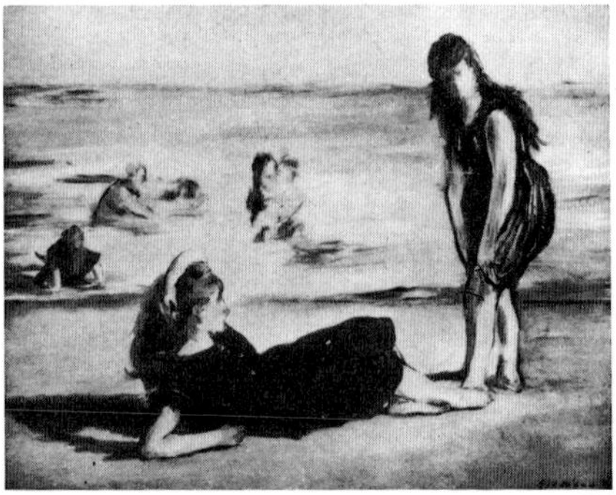
164

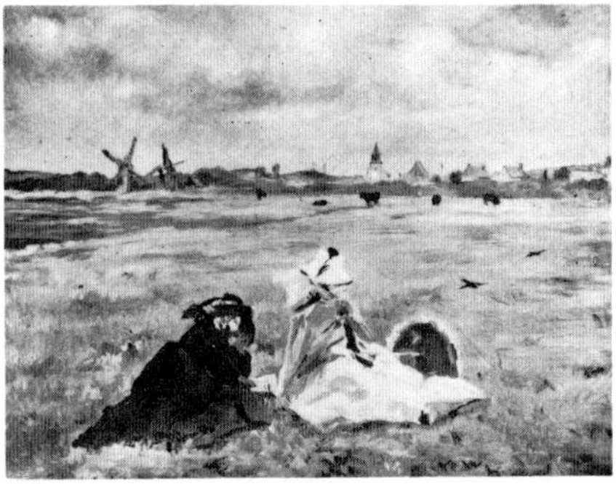
165

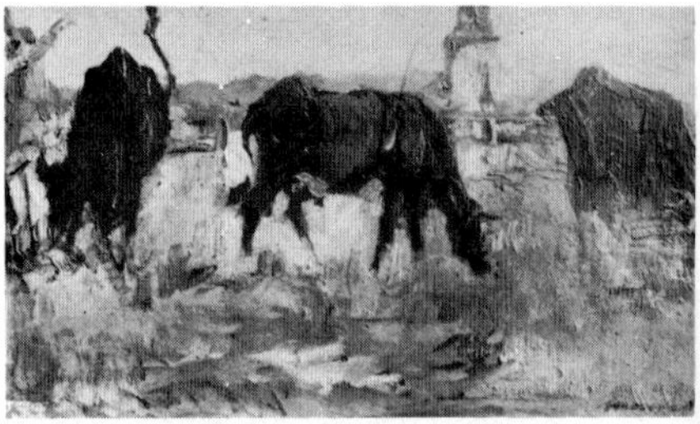
166

Berthe Morisot mit schwarzem Hut und Veilchenstrauß (Ausschnitt, vgl. Abb. 154) Das wichtigste der vier im Sommer 1872 im neuen Atelier Manets in der Rue Saint-Pétersbourg entstandenen Porträts. Manets unergründliches Schwarz bekräftigt das Licht und löst die formalen Verkürzungen auf.

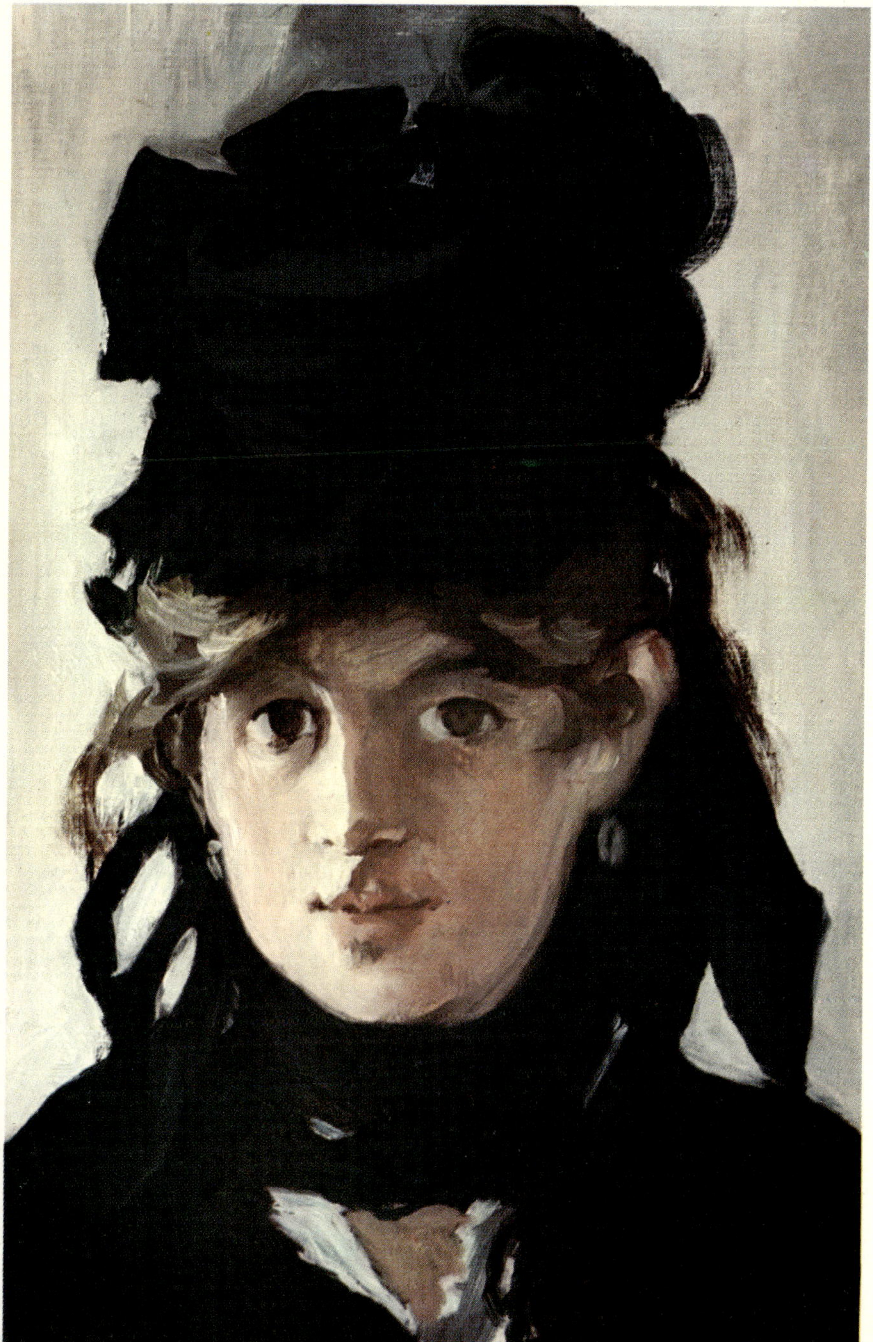

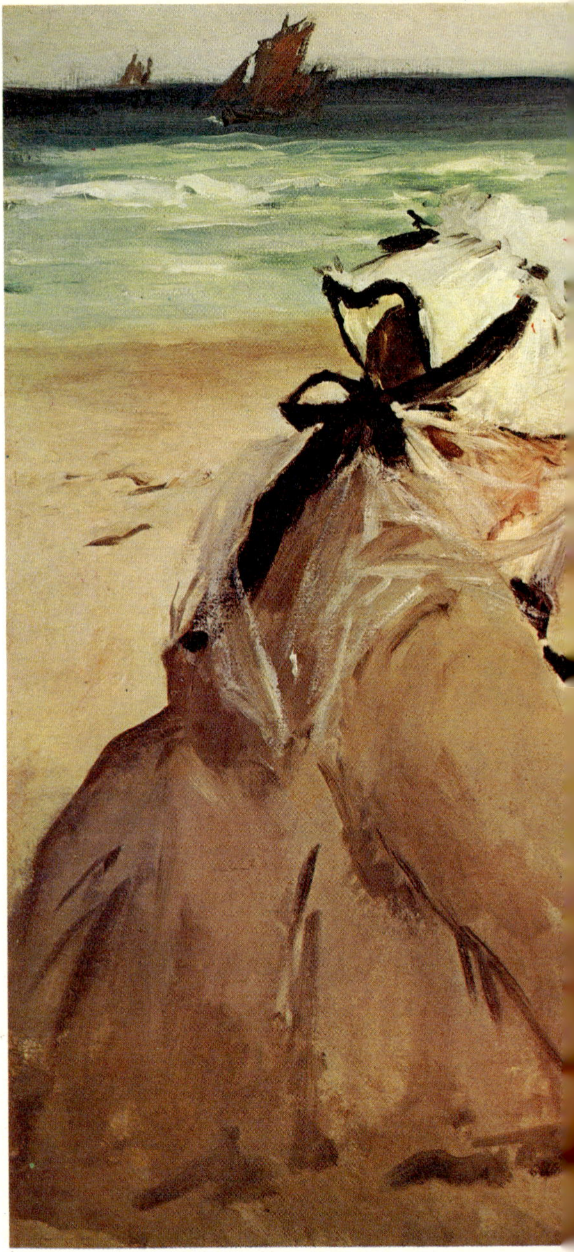

Frau und Bruder des Künstlers in Berck-sur-mer
(vgl. Abb. 163)
Manet malt im Sommer 1873, den er zusammen mit seiner Familie in Berck verbringt, nicht nur Seestücke, sondern auch Figurenbilder. Durch die schnell hingesetzten, gebrochenen Pinselstriche hebt sich im Vordergrund das Kleid seiner Frau von der Umgebung ab.

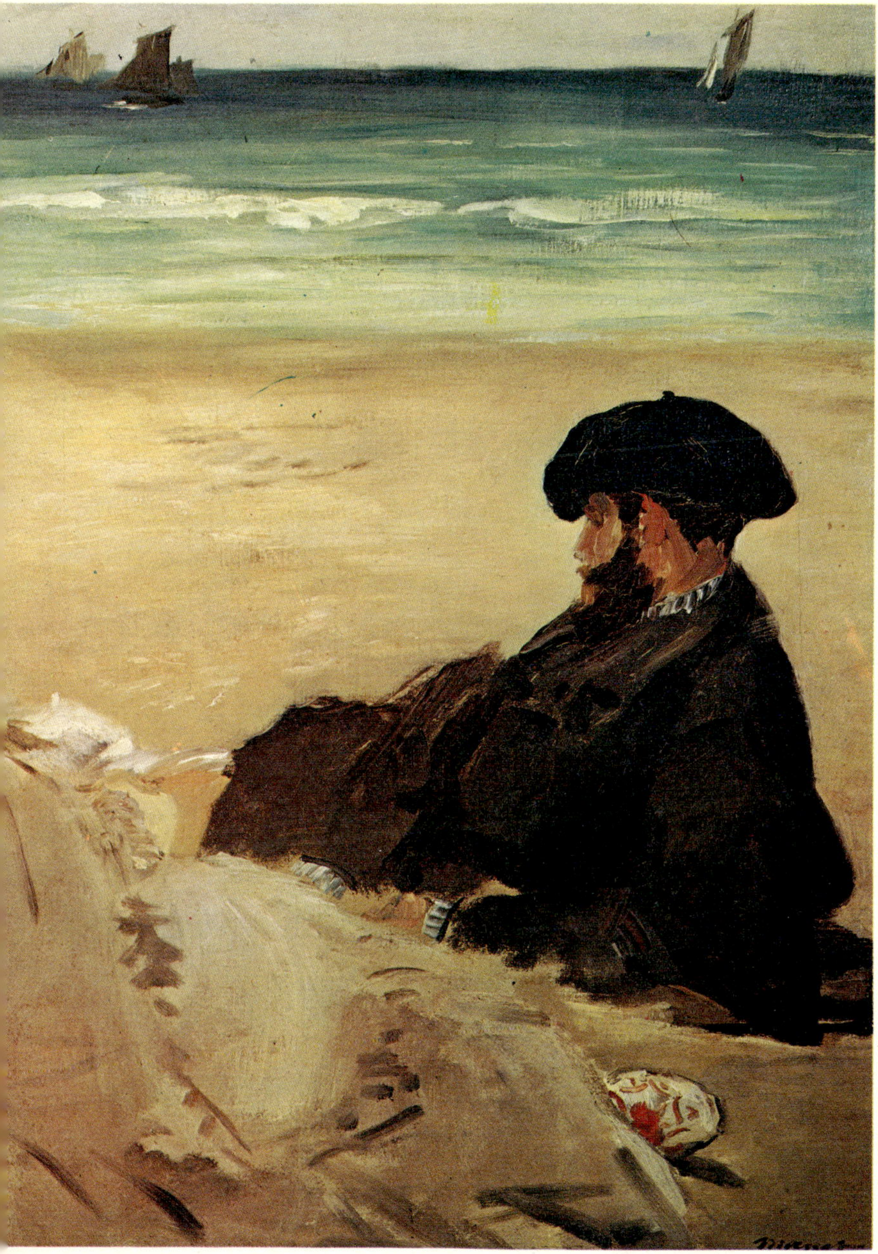

1873

167. Fischer auf dem Meer. Signiert, 1873. Öl auf Leinwand. 63 × 80 cm. Los Angeles, Privatsammlung
168. Kalfaterer bei der Arbeit (Das geteerte Boot). Signiert, 1873. Öl auf Leinwand. 59 × 60 cm. Merion (Pennsylvania), Barnes Foundation
169. Segelschiffe am Landungssteg. Signiert, 1873. Öl auf Leinwand. 50 × 61 cm. New York, Sammlung Carroll Carstairs
170. Seestück. Signiert, 1873. Öl auf Papier. 20 × 33 cm. New York, Privatsammlung
171. Segelboote auf dem Meer (Golf von Guascogna; Bucht von Arcachon). Signiert, 1873. Öl auf Leinwand. 32 × 52 cm. Cleveland, Museum of Art
172. Boote bei Flut. Signiert, 1873. Öl auf Leinwand. 47 × 58 cm. Zürich, Sammlung Bührle
173. Zwei Segelboote auf stürmischer See. Signiert, 1873. Öl auf Leinwand. 55 × 72 cm. Ehemals Tokio, Sammlung Matsukata
174. Segelboote auf ruhiger See bei Ebbe. Signiert, 1873. Öl auf Leinwand. 55 × 72 cm. Hartford (USA), Wadsworth Atheneum. Signatur von der Witwe des Künstlers
175. Zwei Segelboote auf ruhiger See. Signiert, um 1873. Öl auf Leinwand. 39 × 47 cm. Paris, Privatsammlung
176. Die Frau des Künstlers vor einer Landschaft bei Berck-sur-mer. 1873. Öl auf Leinwand. 46 × 50 cm. Paris, Privatsammlung
177. Junge Frau mit Kind in der Nähe der Eisenbahn. Signiert und datiert 1873. Öl auf Leinwand. 93 × 114 cm. Washington, National Gallery (Sammlung H. O. Havemeyer)

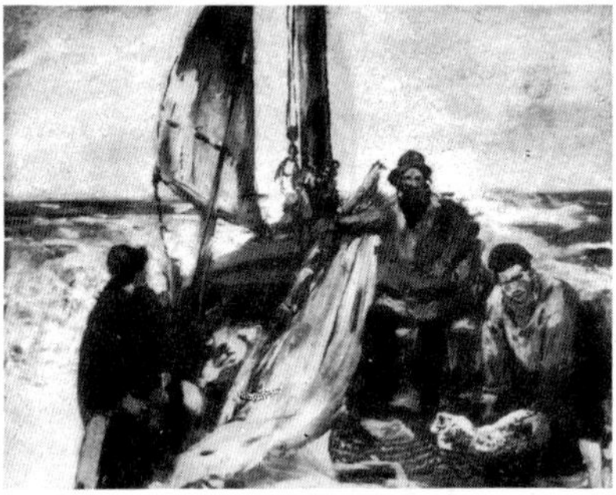
167

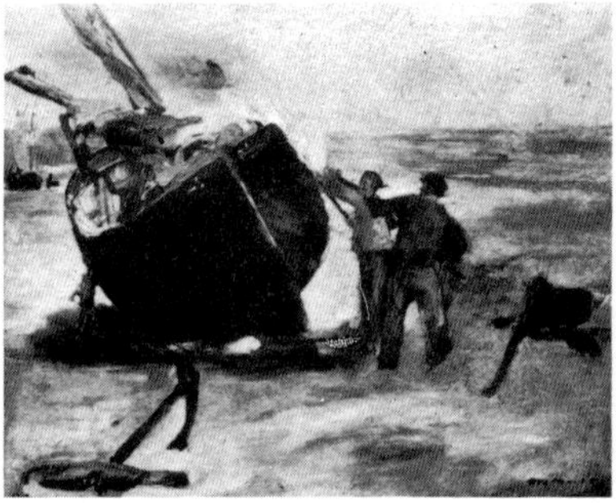
168

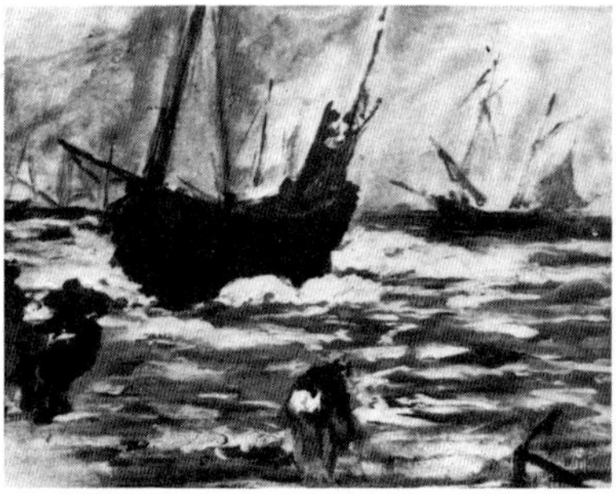
169

171
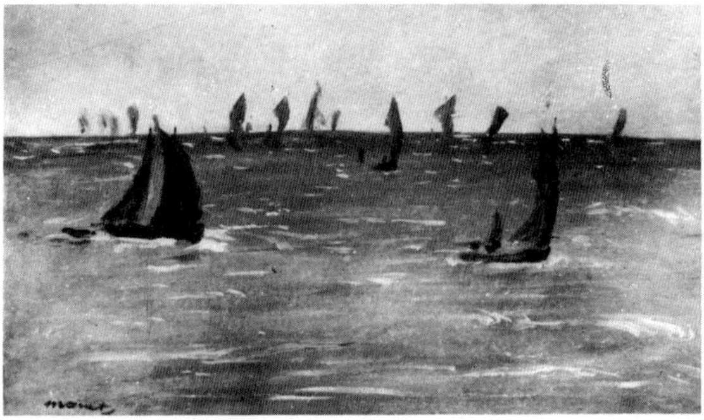

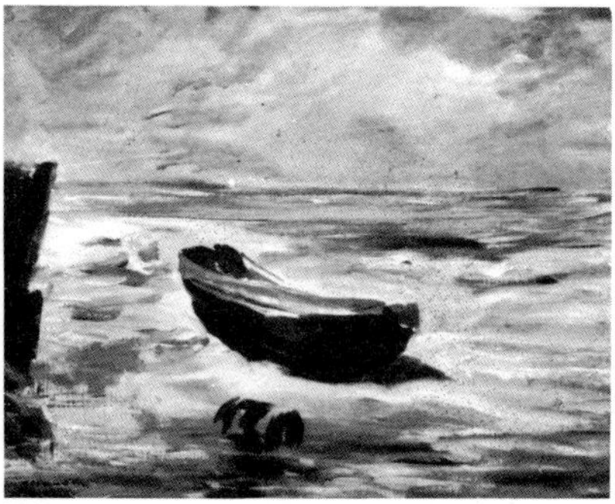
172

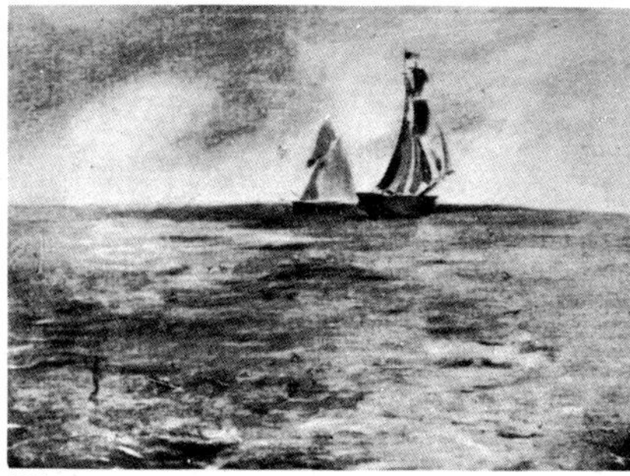
173

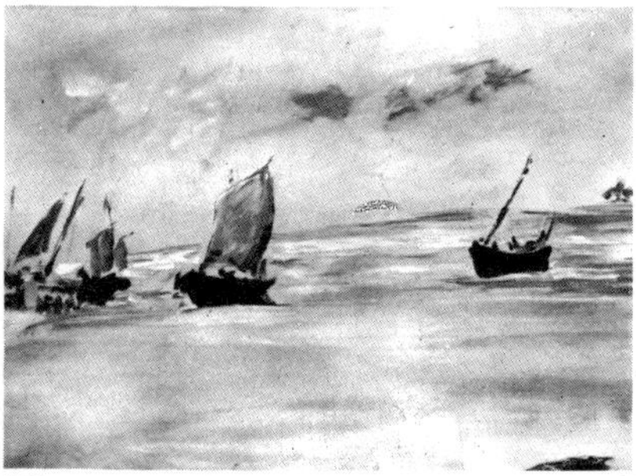
174

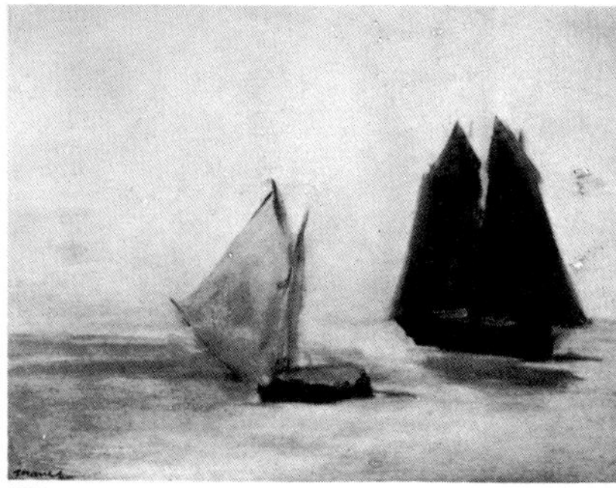
175

176

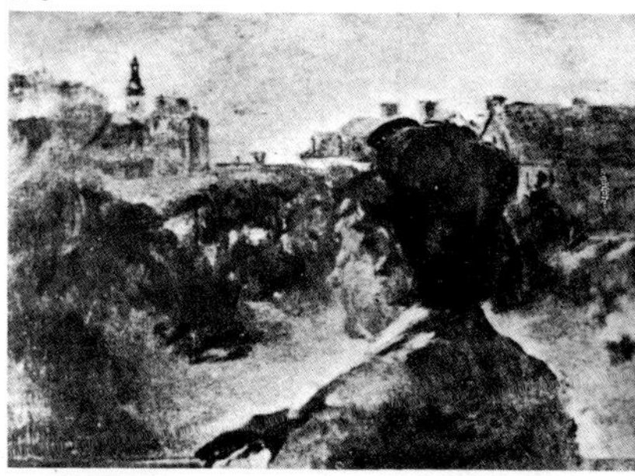

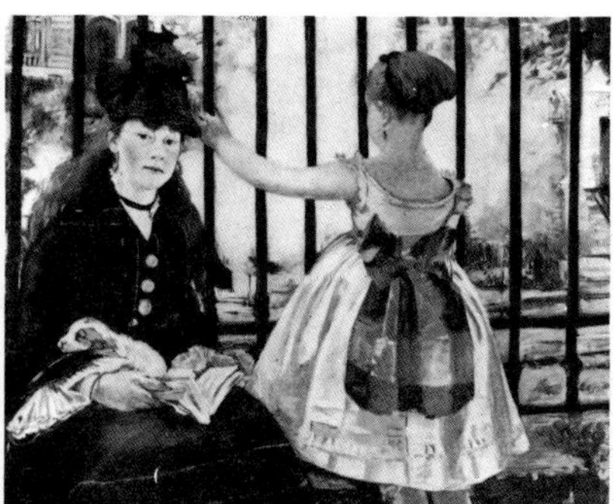
177

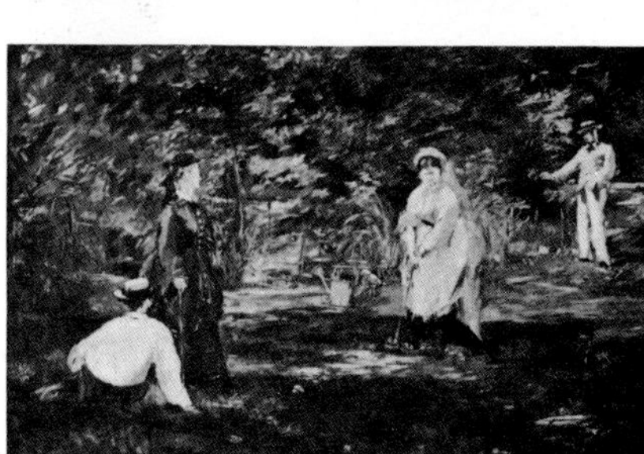
178

1873

178. Kricketpartie in Paris. 1873. Öl auf Leinwand. 72,5 × 106 cm. Frankfurt, Städelsches Kunstinstitut
179. Marguerite de Gonflans, den Kopf in eine Hand gestützt. Signiert und datiert 1873. Öl auf Leinwand. 53,5 × 45 cm. Northampton (Massachusetts), Smith College, Museum of Art
180. Marguerite de Gonflans mit Kapuze (Mädchen in Weiß). 1873. Öl auf Leinwand. 55,5 × 46,5 cm. Winterthur, Sammlung O. Reinhart

Junge Frau mit Kind in der Nähe der Eisenbahn
(vgl. Abb. 177)
Manet ließ wieder einmal seinen erstaunlichen Enthusiasmus für den Fortschritt erkennen. Um das Landschaftserlebnis innerlich nachzuvollziehen, vollendet er im Atelier nur Details, während er den Hauptteil des Bildes im Garten des Malers Hirsch an der Kreuzung der Rue de Rome und der Rue de Constantinople fertiggestellt. Die Frau ist wieder die Meurent, das Mädchen die Tochter der Hirschs. Aus den Dampfschwaden tauchen Signale und Schienen auf. Das 1884 im Salon ausgestellte Bild wurde von der Kritik aufmerksam betrachtet, auch wenn bemängelt wurde, daß malerisch behandelte Flächen summarisch ausgeführten gegenüberstehen. Laut Richardson wurde Manet durch dieses Werk zu seinen in der späteren Zeit entstehenden Eisenbahnbildern angeregt.

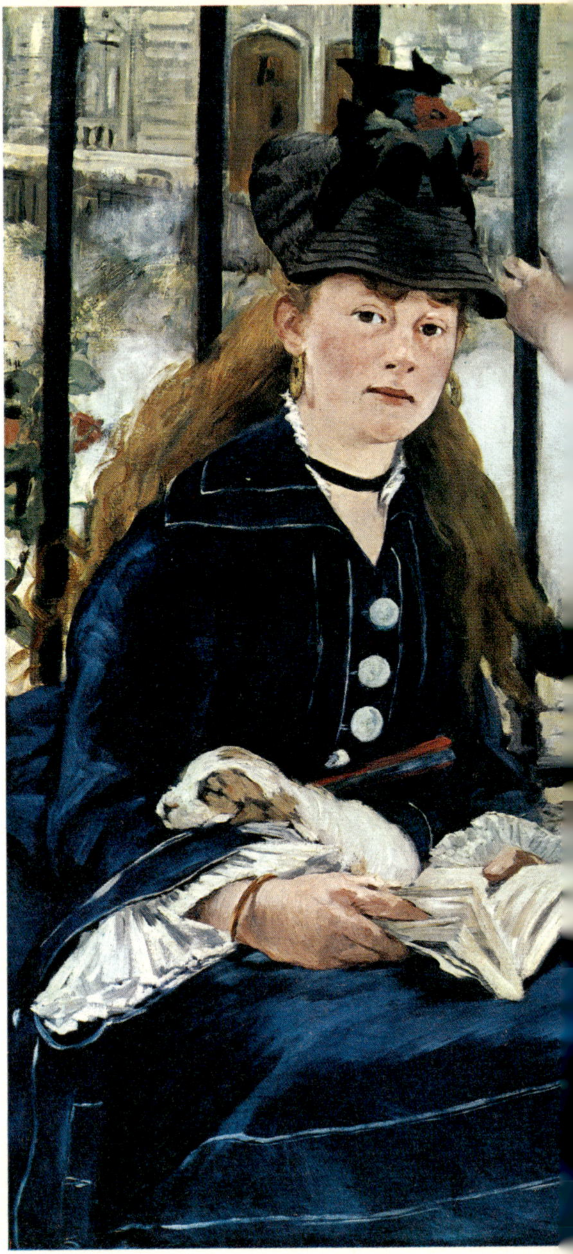

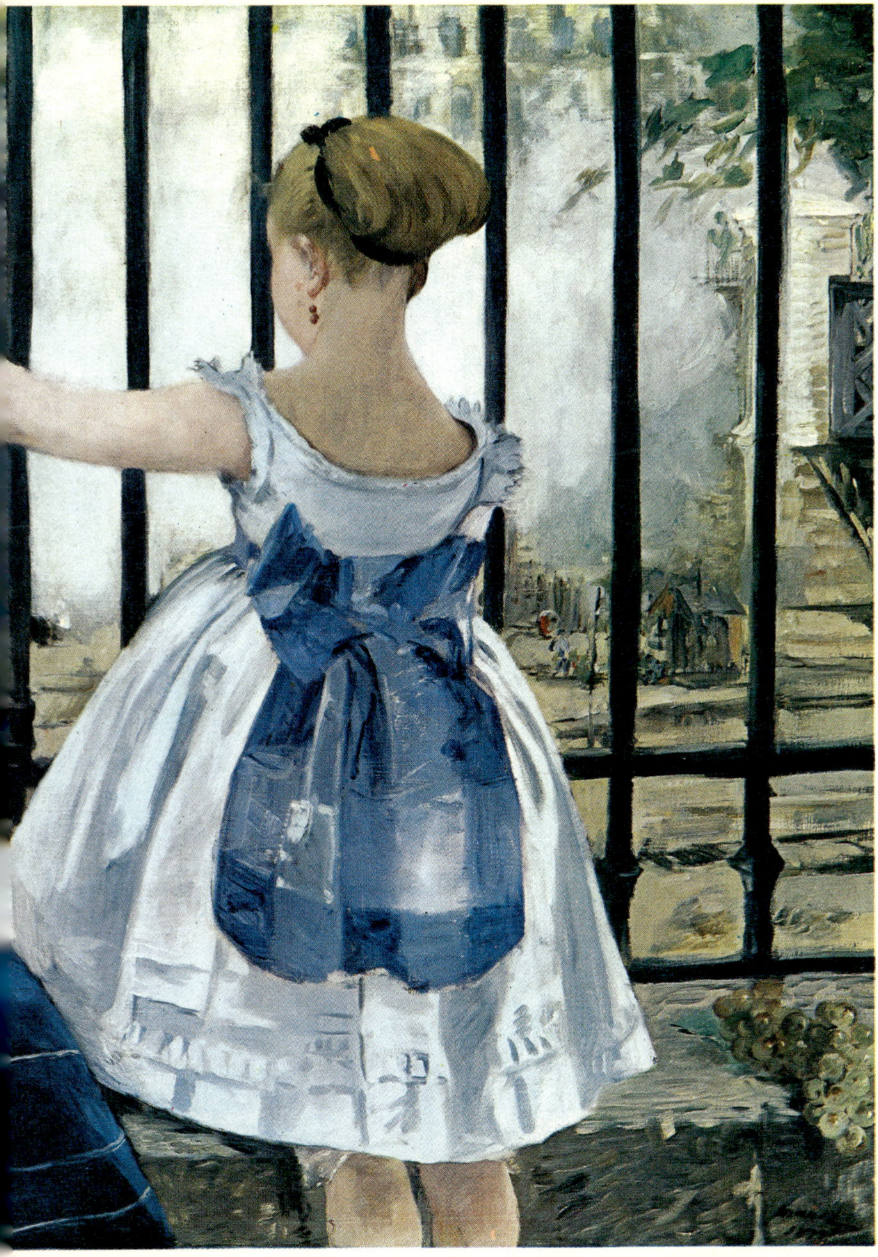

1873

181. Marguerite de Gonflans im Ballkleid. 1873. Öl auf Leinwand. 54 × 35,5 cm. London, Sammlung Antoine Seilern

182. Marguerite de Gonflans mit offenen Haaren. 1873. Öl auf Leinwand. 65 × 50 cm. New York, Sammlung Friedmann

183. Junge Frau in einem Interieur mit Säule. Um 1873. Öl auf Leinwand. 37 × 19,5 cm. Ehemals Stockholm, Privatsammlung

184. Maskenball an der Oper. Signiert, 1873. Öl auf Leinwand. 46,5 × 38,5 cm. Tokio, Bridgestone Gallery

185. Maskenball. Signiert, 1873. Öl auf Leinwand. 35 × 27 cm. Schweiz, Privatsammlung

186 a. Maskenball an der Oper mit Pulcinella. Signiert, 1873. Öl auf Leinwand. 60 × 73 cm. New York, Sammlung Horace Havemeyer

186 b. Maskenball an der Oper, Pulcinella. Signiert, 1873. Öl auf Leinwand. 50 × 32 cm. Paris, Privatsammlung

186 c. Maskenball an der Oper, Pulcinella. 1873. Öl auf Leinwand. 53 × 35 cm. New York, Privatsammlung

187. Berthe Morisot. 1873. Öl auf Leinwand. 26 × 34 cm. Ehemals Paris, Sammlung Rouart. Unvollendet

188. Berthe Morisot mit Trauerhut und langem Schleier. 1873. Öl auf Leinwand. 62 × 50 cm. Schweiz, Privatsammlung

189. Die Frau des Künstlers, im Profil. 1873. Pastell auf Papier. 61 × 49 cm. Toledo (Ohio), Museum of Art

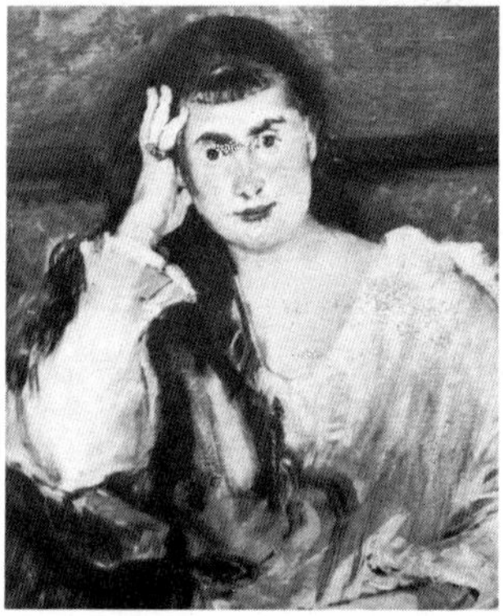

179

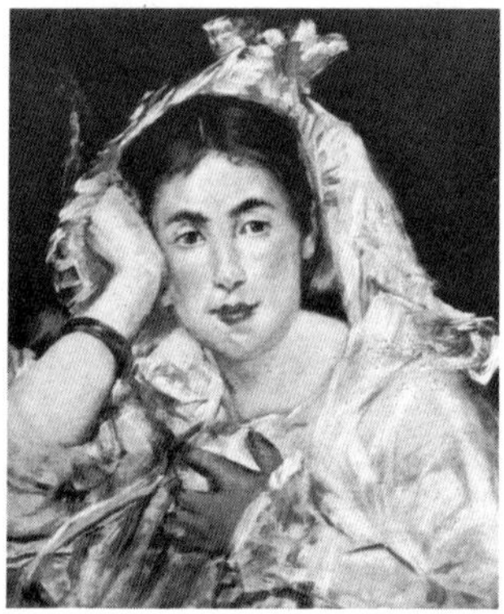

180

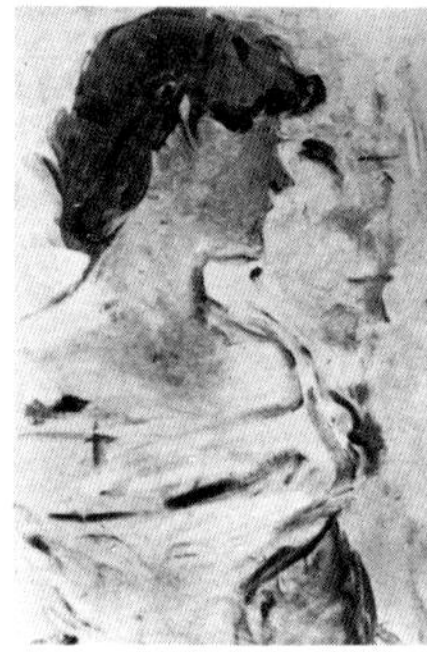

181

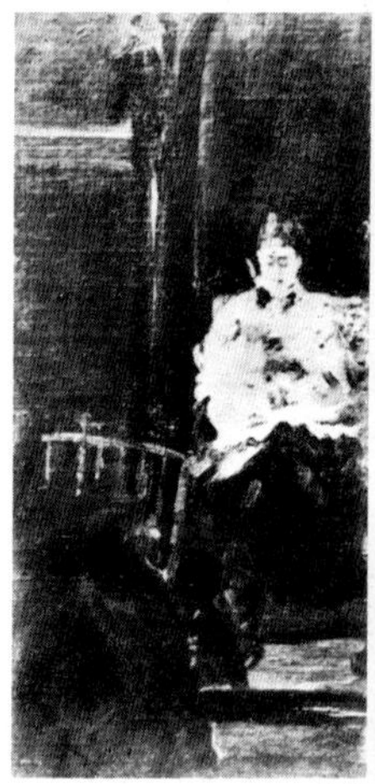

183

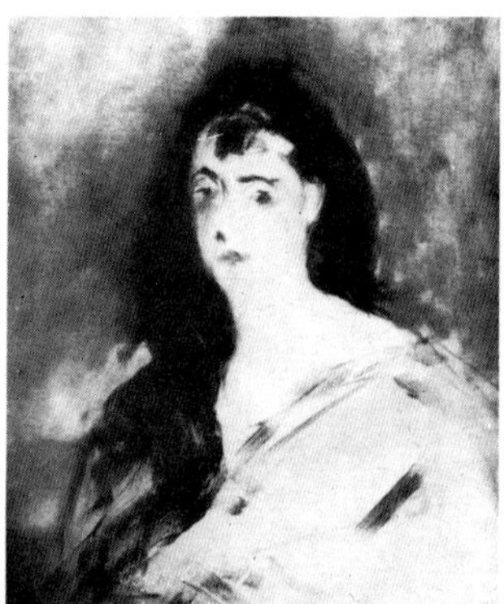

182

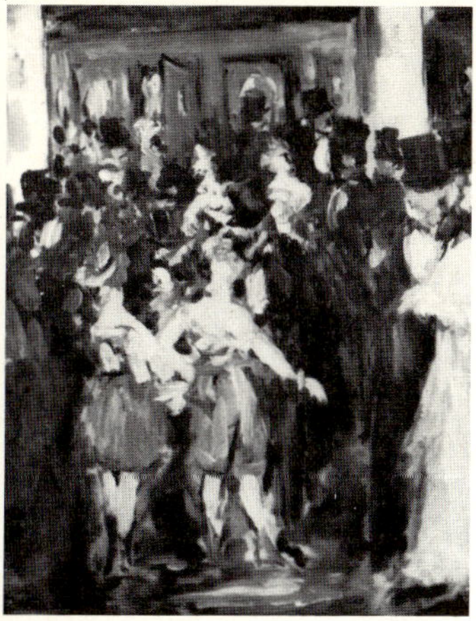
184

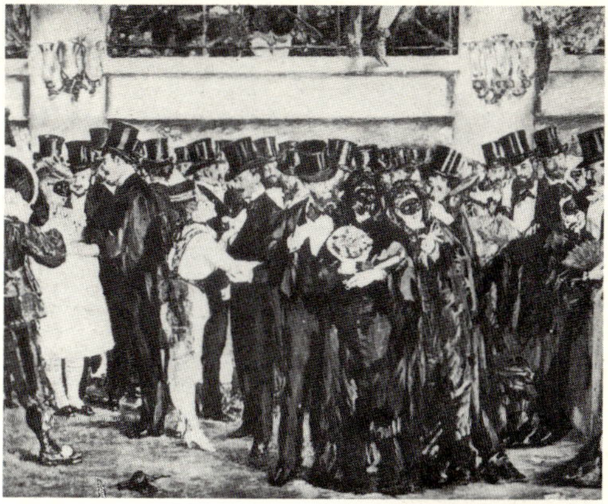
186a

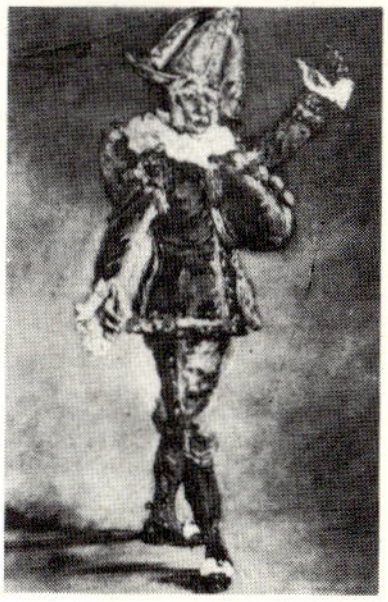
186b

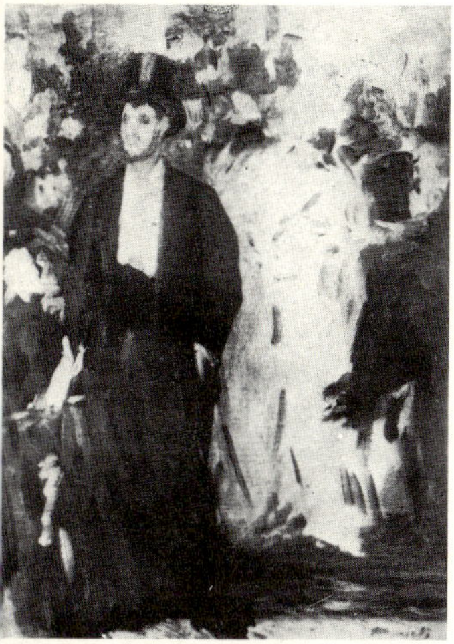
185

189

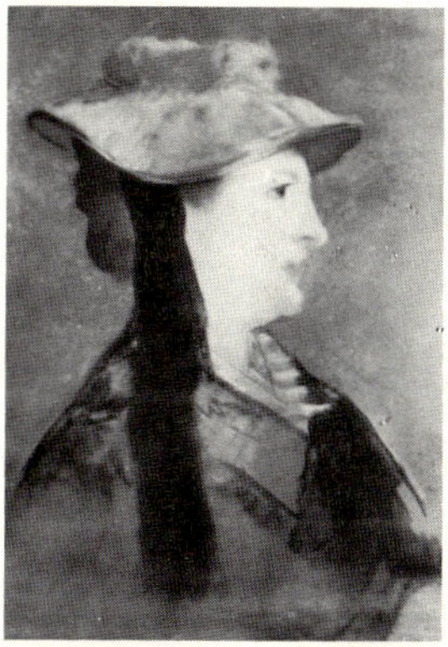

187

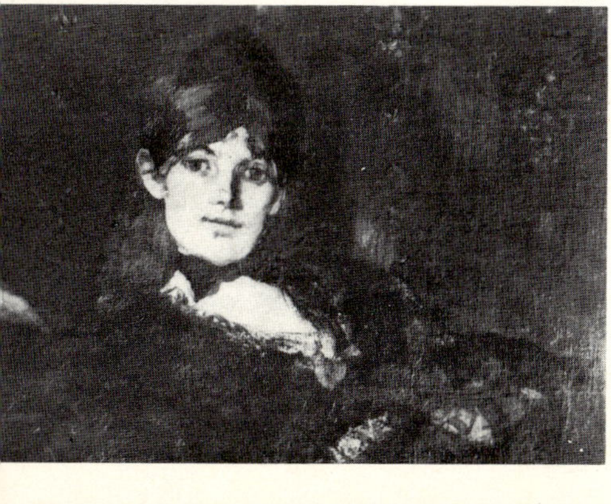

188

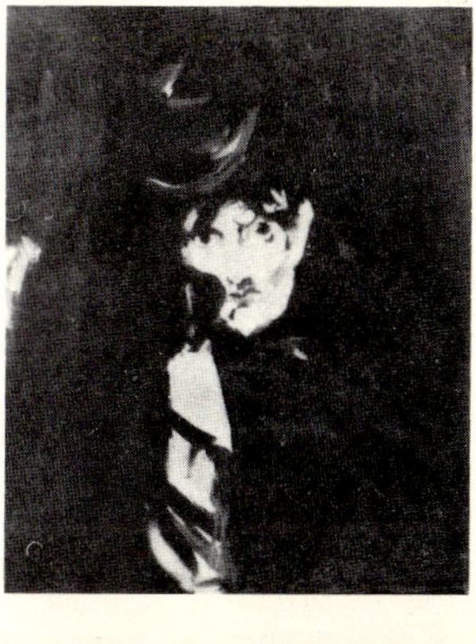

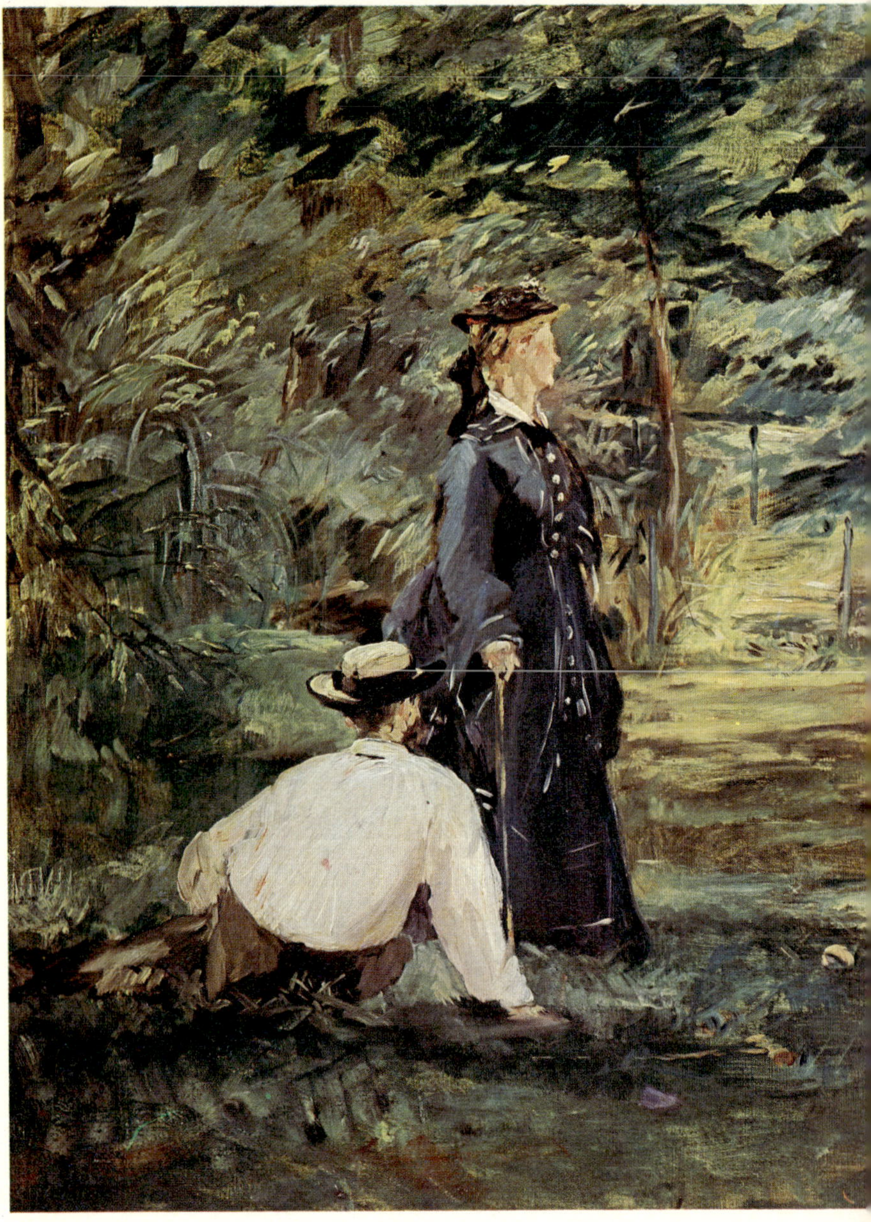

Kricketpartie in Paris (vgl. Abb. 178)
Das Thema, analog zu Abb. 147, ist hier äußerst impressionistisch behandelt. Die schnelle, flüssige Pinselführung gibt den Augenblick wieder, filtert das Licht und das flimmernde Grün der Bäume. Der

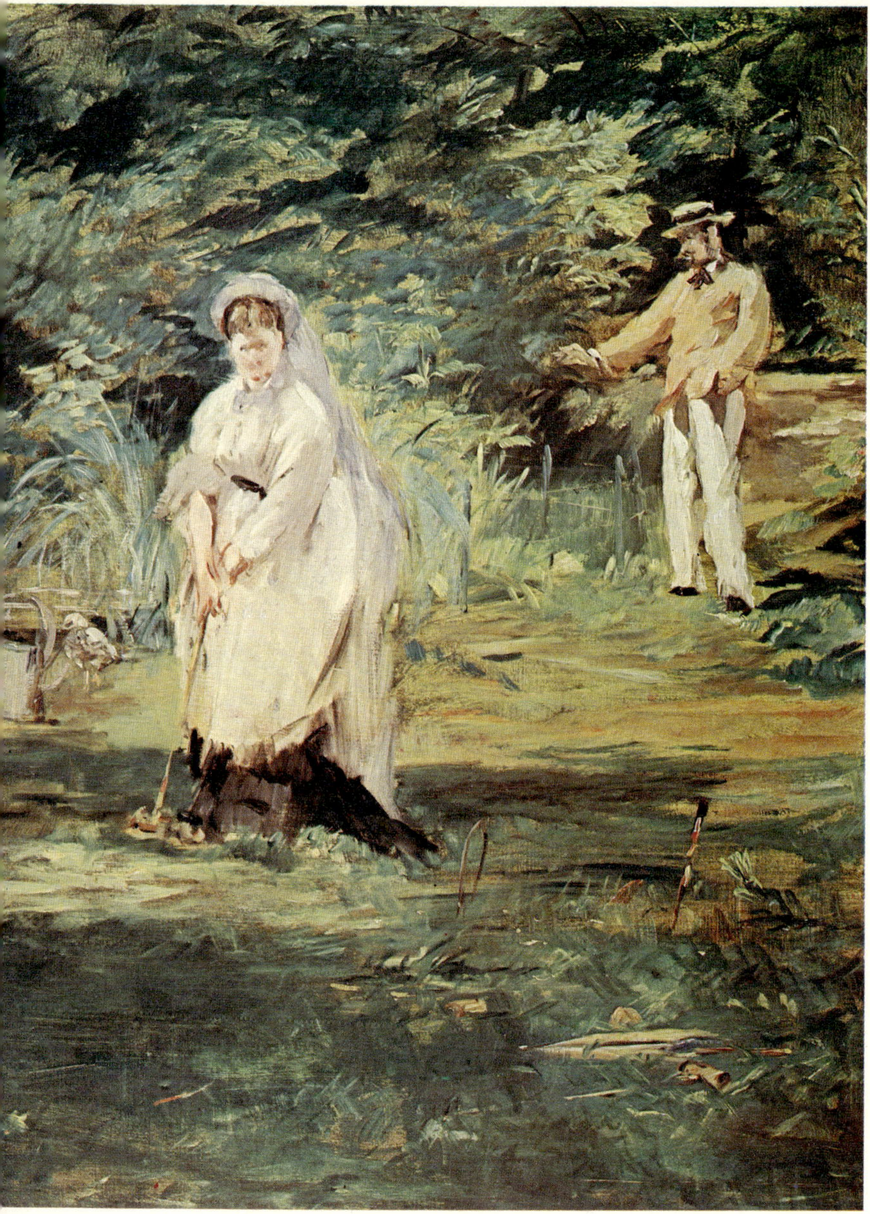

Garten, in dem Manet viele Partien mit Freunden spielte, gehörte dem Maler Stevens – hier vielleicht der neben Manet sitzende Mann. Die andere Frau ist Alice Lecouvé, ein Modell von Stevens; der Mann im Hintergrund ist Paul Rodier.

Bibliographie

Bazire, E., Manet, Paris 1884

Colin, P., Manet, Paris 1932

Duret, Th., Histoire d'Edouard Manet et de son œuvre, Paris 1902

Duret, Th., Quelques lettres de Manet et de Sisley, in: Revue Blanche, 15. März 1899

Guiffrey, J., Lettres illustrées d'Edouard Manet, Paris 1929

Jamot, P., Wildenstein, D. und Bataille, M. L., Manet, Paris 1932

Jedlicka, G., Manet, Zürich 1941

Leymarie, J., Stichwort »Manet« in: Enciclopedia Universale dell'Arte, Bd. VIII 1958

Manet, E., Lettres de jeunesse, Paris 1929

Meier-Graefe, J., Manet und sein Kreis, Berlin 1903

De Nittis, G., Notes et souvenirs, Paris 1895

Rewald, J., Edouard Manet Pastels, Oxford 1947

Ders., History of Impressionism, New York 1946 und 1961

Rouart, D. und Wildenstein, D., Catalogue raisonné, Lausanne, Paris, Genf 1975

Sandblad, N. G., Manet, Lund 1954

Valéry, P., Le Triomphe de Manet, in: Katalog zur Ausstellung in der Orangerie, Paris 1932

Zola, E., Mon Salon, Paris 1866

Ders., Edouard Manet. Etude biographique et critique, Paris 1867

Ders., Mes haines, Paris 1902